प्रेम मलंग के किस्से

ऐश्वर्या तिवारी (गुलश्री)

BlueRose
Publishers

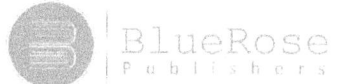

© Aishwarya Tiwari 2019

All rights reserved

All rights reserved by author. No part of this publication may be reproduced, stored in a retrieval system or transmitted in any form or by any means, electronic, mechanical, photocopying, recording or otherwise, without the prior permission of the author.

Although every precaution has been taken to verify the accuracy of the information contained herein, the author and publisher assume no responsibility for any errors or omissions. No liability is assumed for damages that may result from the use of information contained within.

First Published in September 2019

ISBN: 978-93-5347-731-8

Price: INR 159/-

BLUE ROSE PUBLISHERS
www.bluerosepublishers.com
info@bluerosepublishers.com
+91 8882 898 898

Cover Design:
Pallavi Tiwari

Typographic Design:
Namrata Saini

Distributed by: Blue Rose, Amazon, Flipkart, Shopclues

प्रस्तावना

ऐश्वर्या एक प्रेम-कवयित्री हैं और उनकी कविताएं पढ़ते हुए हम जैसे किसी प्रेम सागर में डूबते-उतरते रहते हैं। ये एक चिर अतृप्त प्यास से रूबरू होना है जिसका वास हम सब में है। पर इस प्रेम में एक शक्ति और आत्मविश्वास भी है जिससे कि वह प्रेमी के शरीर में जा बसता है और उसे प्रेरित करता है और फिर प्रेमी भी मलंग बन कर प्रेम की वही भाषा बोलने लगता है।

"मैं तुम्हारे साथ उस हर पल को जी लेना चाहता था
जो शायद आने वाले दिन के सूरज के साथ चाँद सा ढल
जाएगा"

और प्रेमिका को भी अपने प्रेम में इतना विश्वास है कि वह अधिकार पूर्वक कहती है.....

"सुनो अब के मिलो तो मेरे माथे पर चूम कर मुझे गले से लगा
लेना"

ऐश्वर्या अपनी कविताओं को प्रेम के रूमानी दायरे तक ही सीमित नहीं रखतीं। उनके प्रेम का फल विस्तृत है और अपने संपूर्ण रूप में कविताओं का विषय बना है।

"ऐ माँ मुझे मुझसे मिला दे
सार्थक ये जीवन बना दे"
           !! मातृ प्रेम !!

"पृथ्वी की गोद में पनपती है प्रकृति
सूरज की लगाकर बिन्दी चलती है प्रकृति"
           !! प्रकृति प्रेम !!

प्रेम को वैसे भी सीमित नहीं किया जा सकता। कवयित्री का प्रेम ऐसा नहीं है कि जिसमें सिर्फ मिलन की कामना की गई है। प्रेम में अगर विरह का स्थान है तो वह भी स्वीकृत और अनुभव करने की चीज़ है। प्यार यहां जज़्बाती न होकर एक रूहानी शक्ल अख़्तियार कर लेता है।

कविताएं परंपराओं को तोड़ने की बात करती हैं पर उससे आगे जाकर दिल का एक काबा बनाने की भी बात है ताकि प्रेम सांसारिकता और उसके बंधनों से ऊपर उठकर एक दैवीय स्वरूप धारण कर ले।

"जहां परम्परा को त्याग दिया जाता हो और इश्क़ को दहलीज़ों में क़ैद न किया जाता हो और एक बहुत बड़ा दिल का काबा होना चाहिए वहां पर ताकि प्रेम पर सज़दे की कोई अज़ान उठे और हर पाबंदी से मुक्ति के रास्ते खुल जाएं"

कई बार कविताओं को पढ़ते समय हम उन पंक्तियों से होते हुए उस अद्‌भुत संसार में प्रविष्ट हो जाते हैं जहां प्रेमी जन अपनी छोटी सी दुनिया में मग्न हैं।

हम न केवल उस दुनिया के अंग बन जाते हैं बल्कि सूक्ष्म रूप धारण कर के हम उस वातावरण के अंग हो जाते हैं।

"आओ कहीं खिलवतों में एक हरीमे इश्क़ बनाएं
इस वर्तमान और अतीत से भरी दुनिया से कहीं दूर चले जाएं"
जहां दिल की दुनिया के धड़कनों की बात होती है वहां कविताएं मन में एक टीस छोड़ जाती हैं और हमें पता भी नहीं चलता कि कब उच्छ वासों की एक श्रृंखला के साथ हम उस दर्द में सहभागी हो चुके हैं।

"शाम अब भी रोज़ आ जाती है मेरे दरवाज़े पर
शायद जानती नहीं है कि तुमने मेरी दहलीज़ लांघना छोड़ दिया है"

कविताओं का एक अन्य सुंदर पक्ष भाषा में हिंदी और उर्दू का सम्मिलित प्रयोग भी है।
इसलिए उर्दू की कोमलता जब हिंदी की साहित्यिकता से मिलती है तो अहसास के दायरे और विस्तृत हो जाते हैं।

सत्य व्यास
(लेखक)
(बनारस टॉकीज़, दिल्ली दरबार, चौरासी)
#नयी वाली हिंदी

प्रस्तावना

ऐश्वर्या से परिचय तब तक एक प्यारी मित्र के रूप में ही रहा जब तक उन्होंने मेरे जन्मदिन पर मेरे लिए लिखी गयी एक कविता मुझे भेंट नहीं की। मैं ज्यों ज्यों कुछ पंक्तियाँ पढ़ता त्यों त्यों मैं किसी अपने के पास होने के एहसास के करीब पहुँचता गया और फिर सिलसिला शुरू हुआ उनकी और कविताओं का। हर बार यही महसूस हुआ कि उनकी कलम में ऐसा जादू है कि वो आपको एक अलग प्यारी सी प्रेम की दुनिया में ले जाता है और मैंने कभी भी नहीं सोचा था कि इतनी कम उम्र में वो इतनी संदिग्ध हैं कि इसका संग्रह कर किताब के रूप मे उसे बाहर लाएंगी। मुझे बहुत खुशी है और पूरा विश्वास है कि आप इस किताब की हर कविता पढ़ने पर कुछ हल्का, कुछ रूहानी और रोमांस जरूर महसूस करेंगे, तो इस किताब को ज़रूर पढ़िए। मैं ऐश्वर्या को तहे दिल से शुभकामनाएं देता हूँ और उनकी लेखनी को सफलता मिले, इसकी कामना करता हूँ।

राज अर्जुन
(फिल्म अभिनेता)

प्रस्तावना

वो शब्दों से चित्र बनाती हैं या धड़कते हुए शब्द लिखती हैं..... पता नहीं क्या करती हैं पर इतना मैं कह सकता हूँ ऐश्वर्या कविता नहीं लिखती, ज़िंदगी लिखती हैं।

ये लड़की जादूगर है, अपनी रचनाओं से सम्मोहित कर लेती है और दिल करता है कि हम उसकी क़ैद से कभी ना छूटें। मुझे लिखने का शौक़ है, लिखता रहता हूँ, किताबों में, टी.वी में, सिनेमा में, मगर जब ऐश्वर्या की कवितायें पढ़ता हूँ तो अपना सब कुछ भूल जाता हूँ और कभी कभी अपने आप को भूल कर इन कविताओं की अल्हड़ नदी में पाठक बन के बहता जाता हूँ...

कुछ कविताएँ ऐसी हैं जिनको पढ़ कर लगता है कि हमारे दिल की बात, हमारे मन की बात, हमारे बंद कमरे की हर बात कोई और कैसे लिख सकता है.. शायद यही ख़ूबी ऐश्वर्या तिवारी को कवयित्री ऐश्वर्या तिवारी बनाती है।

आज आप सबकी गोद में आपके सीने पर ऐश्वर्या की किताब है और यह मेरा दावा है कि आप जब पढ़ेंगे तो हर पन्ने पे अपने आप को पाएँगे ....

परितोष त्रिपाठी
(लेखक एवं टी.वी अभिनेता)
(मुंबई)

भूमिका

मेरे द्वारा लिखी इस किताब में इश्क़ की हर अवस्था है। मैंने बाल अवस्था से लेकर जवानी और बुढ़ापे की अंतिम लेकिन अनंत सागर से गहरी लहरों से प्रेम का मूल्यांकन किया है। मैंने प्रकृति के श्रृंगार किसी भटके मुसाफिर की थकी हुई यात्रा में इश्क़ ढूंढने की कोशिश की है। इन कविताओ के संग्रह को मैंने करीब दो साल के मज़बूत सफर में तय किया। इस अल्फाज़ो की यात्रा में मेरी माँ ने मेरा साथ बखूबी दिया। मैं हाथ में सिफर लिए शब्दों के सागर में गोते लगाने के लिए कुदी थी और आज मैं एक लंबे सफ़र के बाद उन सभी शब्दों की हमसफर हो चुकी हूँ। मैंने इश्क़ को विशेष विषय इसलिए माना है क्योंकि हम वैज्ञानिक तरक्की करने के कारण वादों की एहमियत भूलते जा रहे हैं, हम आगे बढ़ने की होड़ में मात्र सौदे कर रहे हैं, हमारे भीतर से प्रेम जैसा विषय विलुप्त होता जा रहा। मेरे मायनों में आज की पीढ़ी को हर प्रकार के प्रेम से रूबरू होने की ज़रूरत है ताकि प्रेम जैसे शब्द शब्दों के शब्दकोश तक ही सीमित न रह जाएं, मेरे प्रेम कविताओं को लिखने और अहमियत देने का सिर्फ यही कारण है कि हम भी आज के दौर में ऐसा इश्क़ बून सके जो लैला मजनू, हीर रांझा, रोमियो जूलियट जैसी मिसाल बने आगे चलकर और जिसके नाम में ही ख़ुदा सी पाक बातों के किस्से शामिल हों, जिसमें रूह की रंगत हो, चेहरे की अस्थाई सुंदरता के परे धर्म की बातों से दूर एक बेबाक इश्क़ का घर हो, मेरी यही इच्छा है कि दिल की शॉल को बनाने का हुनर हर इश्क़बाज़ में हो और प्रेम बिना किसी पाबंदी के फिर उड़ सके अनंत असमान के उस छोर तक जहाँ से ख़ुदा के घर का रास्ता शुरू होता है।

कागज़ के उस आधे टुकड़े पर मेरे नाम का हिस्सा था

कहानी पूरी उसकी थी, मेरा तो छोटा सा किस्सा था..........

अभिस्वीकृति

मैं सबसे पहले आभारी हूँ अपनी जननी श्रीमती डॉली तिवारी की, जिनके कारण मेरी कल्पनाओं को हौसला मिला और मेरे शब्दों को परवाज़ मिलें। दूसरा सबसे बड़ा आभार मैं ब्लू रोज़ पब्लिकेशन्स और उनकी टीम का करना चाहूँगी जिनके कारण इस किताब में रह रहे शब्दों को कागज़ का घरौंदा मिला। मैं शुक्रगुज़ार हूँ सत्य व्यास जी की, जिन्होंने अपने काम की व्यस्तता के चलते हुए भी अपने बेशकिमती वक़्त में से वक़्त निकाला और कविताओं के संग्रह को पढ़कर उसको अपने द्वारा लिखी भूमिका में पिरोया और मुझे तथा मेरे शब्दों को हौसले के परवाज़ दिए। मैं तहे दिल से शुक्रिया अदा करती हूँ टी.वी अभिनेता परितोष त्रिपाठी एवं फिल्म अभिनेता राज अर्जुन जी की जिन्होंने मेरे किताब की बड़ी सी ज़मीन पर अपना योगदान दिया और मेरी कविताओं को सराहा। मेरे बाकी उन सभी साथियों का भी शुक्रिया, जिन्होंने स्थाई अस्थाई रूप से इस किताब को पंख देने का कार्य किया है।

धन्यवाद....

सूची

1. मुझे रचने वाली उस रचना को क्या रचूं................1
2. ऐ माँ, मुझे मुझसे मिला दे 2
3. पता है 3
4. तुम इमरोज़ हो जाओ तो शायद मैं अमृता कहलाऊं..........5
5. कोरे कागज़ सी सफ़ेद ज़िन्दगी पर आज प्रेम की स्याही गिर गई 6
6. हम दोनों एक दूसरे का पीछा करते-करते जाने कहाँ पहुँच जाते हैं 7
7. अपनी हर कविता-कहानी मैं तुम पर गढ़ती हूँ 8
8. मेरे अंदर बसी हुई तुम्हारी महक़ 9
9. पहले तुम कहा करते थे...................................10
10. मुझे भी चाहिए वो लिबास जो तू ओढ़े घूमता है......11
11. मैं नहीं रच सकती तुम्हारे जैसी कृति को दोबारा 12
12. ये कहानी है लिया और हनान की 14
13. ये प्रेम रंग है, ऐसे न निकलेगा 16
14. तुम्हारे न होने पर भी 17
15. सुबह बड़ी ही खूबसूरती से आती है 18
16. तुम्हारे शब्द रात में अक्सर मेरी क़लम के सिरहाने आकर बैठ जाते हैं..19
17. रूह तो उसी दिन मर गई थी जिस दिन तुमसे बिछड़ी थी......20
18. कई बार लिखा था मेरे लिए कई क़लमों ने 21
19. कुछ रंगों को शब्दों में बयां करूंगी......................22
20. दो घरों से जुड़ी हुई एक दीवार 23
21. लिखना उतना ही कठिन था तुम्हें........................25
22. आओ एक रात प्यार के संग गुज़ारें 26
23. कुछ दिन पहले ही मुलाक़ात हुई है उससे...............27
24. सुनो मैं तुम जैसे अपरिचित से परिचित सा प्रेम कर बैठी हूँ 28

25.	नदी के किनारे बालू के अनंत मैदान में	29
26.	बिजली नाच रही है	31
27.	रातों को बूढ़ा और दिन को पैदा होते देखा है मैंने	32
28.	मैंने उससे कहा कि तुम मुझे बहुत पसंद हो	33
29.	देखा है तुम्हारी इन आँखों में ढेरों भाषाओं का संग्राम	34
30.	कल रात उसकी मौत हो गई	35
31.	वो पूछते हैं कि मेरे जाने के बाद क्या चलता है तेरी ज़िन्दगी में	36
32.	मेरे आलिंगन में तुम्हारा चंद्र बदन चमक रहा था	37
33.	दरवाज़े पर आहट सुनके पूछ लेती हूँ तुमसे	38
34.	मुझे बहुत प्यार है अपने हाथों से	39
35.	इन नज़रों में इंतज़ार भरा हुआ है	40
36.	एक किताब है	41
37.	मैंने रेगिस्तान में पानी देखा है	42
38.	समुद्र की चादर ओढ़कर रेत का तकिया लगाया है	44
39.	माना कि मेरे इश्क़ में रफ़्तार नहीं है,	46
40.	रात फिर से आई हैं अपने प्रेमी चाँद के साथ	48
41.	यौवन की दहलीज़ हर उस घर में होती है	49
42.	अब के मिलो तो मेरे माथे को चूम कर मुझे गले से लगा लेना	51
43.	एक सफ़र था जो प्रेम से भरा था	52
44.	अहसास के लिबासों को पहनकर चलने वाले	54
45.	तुम मेरे जीवन की स्रोतस्विनी बनकर नदी जैसे बह रहे हो मेरे भीतर	55
46.	जो कभी हमसे इश्क़ लड़ाते थे	56
47.	ये उम्र बस अब गणित के चंद अंकों सी लगती है	57
48.	आओ कहीं खिलवतों में एक हरीमे इश्क़ बनाएं	58
49.	सुनो क्या तुमने उस लाल डिब्बे को देखा है कहीं	59
50.	थोड़ी गुस्ताख़ी से भरा है उसके और मेरे बीच पलने वाला रिश्ता	61
51.	खाल की ओढ़नी पहने	62

52.	सुलगती रात में दिन जल गया...64
53.	हरे खेतों में केसरिया रंग की कुर्ती पहने दूर से अंधाधुंध दौड़ लगाती हुई जब वो मुझसे आकर लिपट जाती है.................65
54.	कभी रहा करती थी मैं जिस घर में.......................................67
55.	मेरी हथेली की सुलझी लकीरों से जब तुम्हारी उलझी हुई लकीरें मिलती हैं तो इश्क़ की एक चादर बुनती हैं........................69
56.	आजकल अक्सर तुम मेरे ख़्वाबों में आती हो 70
57.	अपरिचित रिश्तों में एक परिचित हिस्सा हो तुम 72
58.	गंगा घाट की आरती और तुम्हारे झुमके की खनक 73
59.	आज प्रेम-प्रलय उठा है मेरे जीवन में.......................................74
60.	सुनो जब-जब अपनी खाली किताब में तुम्हारे नाम का पहला अक्षर लिखता हूँ न 75
61.	जब उसकी ठंडी हथेली पर मैंने अपने कुनकुने हाथों को सौंपा था 76
62.	मेरा पहला इश्क़ चिट्ठियों से पनपा था 77
63.	कुछ सफ़र सिफ़र से शुरू होते हैं 79
64.	कविताएँ मैं लिखती हूँ..81
65.	सुनो प्रेम करना नहीं आता है मुझे 82
66.	तेरी आदत सी हो गई है मुझे 84
67.	मैं शब्दों को निराश नहीं करती..85
68.	सुबह हो गई..87
69.	एक सांवला सा लड़का है 89
70.	बचपन शायद लिखना मुश्किल है..90
71.	मुझे मेरे लिबास से न आँको..91
72.	वक़्त शायद सब बदल देता है...92
73.	कल रात एक सपना आया..93
74.	किनारे से किनारे तक एक कहानी पैदा होती है............................94
75.	अब तो सिर्फ़ शरीर जवान रह गया है 95
76.	वो कहते हैं कि हर बार प्यार अधूरा क्यों लिखती हो....................97
77.	शाम अब भी रोज़ आ जाती है मेरे दरवाज़े पर 98
78.	वो कल की याद में डूबा.. 100

79.	मुझे आजकल शब्द नहीं मिलते कुछ लिखने के लिए	101
80.	मैं जब उसके आलिंगन में होती हूँ तो महसूस करती हूँ एक जिस्म में दो दिलों की धड़कनें	102
81.	शायद तुम सही थे और मैं ग़लत	104
82.	दो जिस्मों की जुगलबंदी हुई थी	105
83.	रहस्यमय नक्षत्र वाली रात की इबादत में महकती रात की रानी	106
84.	कोरे कागज ने क़लम से कहा,	107
85.	रात फिर से आई है अपने प्रेमी चाँद के साथ	108
86.	एक महाकाव्य ने नज़्म से छोटी एक नज़्म की मांग की	109
87.	पृथ्वी की गोद में पनपती है प्रकृति	110
88.	कल हम आमने-सामने थे	111
89.	कल रात जब शायर घर पहुंचा	113
90.	वो बहुत मासूम थी	114
91.	लोग कहते हैं कि यौवन फूट रहा है	115
92.	अपने हिस्से की पूंजी में से मेरे लिए	117
93.	सुनो तुम जानते हो क्या	119
94.	आज जब आँखें मिलीं तुमसे	120
95.	तू चल रफ़्तार से विस्तार करते हुए	121
96.	ये ग्रीष्म का मौसम मुझे	123
97.	मैं कभी तुमसे हाँ न कहूँगी	124
98.	पिंजरे में क़ैद होकर कब्र में सोकर भी मुझे भूल न जाना	125
99.	कविता कवि के दिमाग में पलती है,	126
100.	बूढ़ा हो गया है वो फिर भी बहुत ख़ूबसूरत लगता है	127

1)

मुझे रचने वाली उस रचना को क्या रचूं
जिसके आगे मेरे ये शब्द बहुत छोटे हैं
उस जननी को कैसे जन्म दूँ मैं अपनी कविताओं में
क्योंकि उसने ही तो मुझे क़लम पकड़ाकर लिखना सिखाया है
उसके अक्षरों से ही तो मैंने शब्दों का महाकुंभ पाया है
कैसे उस मिट्टी की मूरत को गढ़ूं मैं अपनी मिट्टी से
क्योंकि मेरी मिट्टी में भी तो उस मूरत की ही महक और अंश है
उसकी रंगत में कैसे अपने पसंद के रंग भर दूँ
जबकि मुझे उसकी ही रंगत से मिला है अपना अस्तित्व और पहचान
मैं अपने छोटे लिबासों में कैसे जकड़ लूँ उसे
वो भी तो उसके ही द्वारा दिए गए हैं मुझे
मैं एक बड़ी सी कहानी की एक छोटी सी रचना
हमेशा रहना चाहती हूँ छोटी ही
ताकि खेल सकूँ एक छोटे शब्द की तरह मुझे जन्म देने वाली कहानी की गोद में
मैं सिर्फ़ और सिर्फ़ पढ़ना चाहती हूँ
मैं रच नहीं सकती अपने शब्दों में भी उस रचना को जिसने मुझे रचा है।।

2)

ऐ माँ, मुझे मुझसे मिला दे
सार्थक ये जीवन बना दे
स्वार्थ को मन से हटा दे
प्रेम की अलख मेरे अंदर जगा दे
लौटा दे वो बचपन मुझे
जो तेरी गोद में पला था
बड़ा हुआ था जो सपनों के घरौंदे में
खेला था जो तेरे मातृत्व के आंगन में
उड़ा था जो पतंग बनके आसमान में
पर न जाने उस पतंग की डोर कब कट गई
मेरे बचपन की चाहतें अपनी राहें भटक गईं
और फिर मिल न सकी मैं खुद से दोबारा
ऐ माँ मुझे, एक बार फिर उसी बचपन की नाव में बिठा दे
जो खोए हुए पल हैं वो फिर से लौटा दे
ऐ माँ मुझे मुझसे मिला दे।।

3)

पता है
सालों पहले एक स्त्री को नवाज़ा गया था पुरुष लिबासों से
और भर दिया था उसके कोमल मन को कठोर विचारों से
साज-श्रृंगार से भरी देह में एक मर्दाना दिल डाल दिया था उस ख़ुदा ने
और कहा था सुनो अब तुम्हें अकेले ही चलना है आगे
तुम्हारा साथ देना अब मेरे लिए मुश्किल है
इस परीक्षा में अब हम मिल-बांटकर नहीं लिख सकते ज़िन्दगी के उत्तरों को
आसमान की पृष्ठभूमि पर मेरा नाम लिखा जा चुका है
और अब इसे मिटाना मेरे बस में नहीं है
हाँ बस में है तो सिर्फ़ इतना कि ज़िम्मेदारियों और तक़लीफों को अंदर छुपाकर रखने का हुनर तुम्हें देता जा रहा हूँ
मैं ऐसा करके तुम्हें धोखा नहीं दे रहा हूँ और न ही छल रहा हूँ
मैं तो जिसकी अमानत हूँ सिर्फ़ उसमें ही वापस समाने जा रहा हूँ
पर डरो मत, तुम्हारी हर जंग में ठीक तुम्हारे पीछे ही खड़ा रहूंगा तुम्हारी मदद के लिए
मैं तुम्हें दिखूंगा नहीं लेकिन तुम मुझे महसूस कर पाओगी
प्रकृति के हर बदलाव में
देखो मैं कहता था न कि तुम जैसा ही हो गया हूँ
पर आज ये बात उल्टी हो गई है
मैं तुम जैसा नहीं हो पाया पर तुम मुझ सी हो गई हो
अलविदा बोलने के पहले बाबा ने मां से यही शब्द कहे होंगे शायद

और फिर अपने मर्दाना चोगे को डाल दिया होगा मां के जिस्म पर
तब से अब तक मां अपने किए हुए वादे को निभा रही हैं
स्त्री के वेश में वो एक पुरुष का किरदार निभा रही हैं....।।

4)

तुम इमरोज़ हो जाओ तो शायद मैं अमृता कहलाऊं

तुम लैला लिखो तो मैं अल्लाह सा नूर पाऊं

हीर-रांझा के किस्से पढ़ूं तो इश्क़िया कहलाऊं

मैं रोमियो-जूलियट की जोड़ी की मिसालें कहूँ तो अंग्रेजी में लव स्टोरी लिख जाऊं

मै साहिबां सी श्रृंगार करूं तो तुममें जांबाज़ मिर्ज़ा पाऊं

मैं रेगिस्तान की रेत पर तुम्हारा नाम लिखूँ तो ढोलां-मारूं सी प्रेम प्यास अपने भीतर जगा पाऊं

मैं तुम्हारे अंदर बाजीराव सा प्रेम देखना चाहती हूं अपने लिए

मैं चाहती हूँ इश्क़ करना जात-पात से परे और मस्तानी सी नाचना चाहती हूँ झूम-झूमकर

मैं लकीरें बनाकर मिटाना चाहती हूँ

मैं हर दीवार पर हम दोनों का प्रेम लिखना चाहती हूँ

मैं बिछड़कर फिर तुमसे मिलना चाहती हूँ

सुनो मैं ज़िन्दगी में हर प्रेम मलंग के क़िस्से अपने हिस्से में रखना चाहती हूँ

मै मस्त मौला होकर तेरे जैसे कुम्हार की कच्ची मिट्टी बनना चाहती हूँ

मैं शुरू से अंत तक सिर्फ़ तुमसे प्रेम करना चाहती हूँ....।।

5)

कोरे कागज़ सी सफ़ेद ज़िन्दगी पर आज प्रेम की स्याही गिर गई
लगा जैसे बिखरी ज़िन्दगी फिर सिमट गई
एक मृत शरीर में जान पनप गई
मेरे चेहरे को आज तेरी पहचान मिल गई
वो पहचान जो है गहरे सांवले रंग सी
बिल्कुल उसी शाम की तरह जब मैं तुमसे पहली बार मिली थी...।।

6)

हम दोनों एक दूसरे का पीछा करते-करते जाने कहाँ पहुँच जाते हैं
जहाँ ज़मीन नहीं होती सिर्फ़ आसमान होता है गहरे नीले रंग का
और चांद आईना होता है हमारा
जिसमें निहार कर हम तारों से सजा देते हैं एक दूजे को
तेज़ हवा के झोंकों से यहां-वहां उड़ते हुए पता चलता है कि अब
हमारी रूहों ने शरीर त्याग दिया है
और आकाश में बसा लिया है अपने मिलन का एक छोटा सा
घरौंदा.....।।

7)

अपनी हर कविता-कहानी मैं तुम पर गढ़ती हूँ
तुम्हारे करीब आने की सीढियां थोड़ी-थोड़ी हर रोज़ चढ़ती हूँ
तुम खुद को कभी मेरी आँखों से तो देखो
फिर तुम्हें भी वही दिखेगा जो मैं देखती हूँ
तुम भी देख पाओगे फिर कि
मेरा प्यार तुम्हारे प्रति कितना गहन और अनंत है
तुम्हें पाने की चाहत कितनी तीव्र है मुझमें
तुमसे मिलने की उड़ान बहुत लंबी है
फिर भी मिलोगे ना, दोगे ना बढ़ावा इस बेसहारा प्यार को
भूल तो न जाओगे कि इंतजार में एक दिल ऐसा भी है
जो तुम्हारे लिए अंदर से कमजोर है पर दिखावा कर रहा है पत्थर होने का।।

8)

मेरे अंदर बसी हुई तुम्हारी महक़
जब जब मेरे इर्द-गिर्द घूमती है
तो लगता है तुम मेरे साथ ही हो
मुझसे छुपने की कोशिश कर रहेहो
पर महसूस करा रहे हो कि तुम ठीक मेरे पीछे हो
हमेशा की तरह मेरे साथ वक़्त बिताने की आदत गई नहीं तुम्हारी
इसलिए मैंने अब तुम्हें बाहर ढूंढ़ना छोड़ दिया है
तुमसे दूर जाने की कोशिश भी नहीं करती अब
क्योंकि दूर जाती हूँ तो और क़रीब आ जाती हूँ तुम्हारे
जब-जब लिखती हूँ तो तुम पर ही लिख डालती ह
जितनी कोशिश करती हूँ तुमको खुद में ख़त्म करने की उतने ही बढ़ जाते हो तुम

मुझमें अब बचा ही नहीं मुझसा कुछ भी,
 मेरी कहानी भी अपने हिसाब से गढ़ देते हो तुम।।

9)

पहले तुम कहा करते थे
और मैं बहाने बनाकर तुम्हारी बातों को टाल देती थी
अब मैं कहती हूँ पर तुम सुनकर भी मेरी बातों को अनसुना कर देते हो
मेरे इज़हार को धुएं की तरह हवा में उड़ा देते हो
क्योंकि अब समय ने तुम्हें बदल दिया है
शायद पहले जैसे नहीं रहे अब तुम
पर मैंने तुम्हारी पुरानी छवि संभाल के रखी है अपनी रूह में
जब दुनिया से मन भर जाए तो फिर लौट आना मेरे भीतर
और ओढ़ लेना अपनी वही पुरानी तस्वीरों वाली चादर
जो तुमसे ज़्यादा मुझ सी है।।

10)

मुझे भी चाहिए वो लिबास जो तू ओढ़े घूमता है
पनपा दे मुझमें भी वो प्यास जिसका कोई अंत न हो
एक ऐसी प्यास जिसे होठों से नहीं आँखों से पी सकूं
मैं तेरा किरदार रोज़ ख़ुद में जी सकूं
कभी हँस सकूं तो कभी रो सकूं
मैं अब मैं नहीं रहना चाहती
कुछ ऐसा कर कि मैं तुझ सी बन सकूं
मुझे भी चाहिए वो लिबास जिसे तू ओढ़े घूमता है.... ।।

11)

सुनो

मैं नहीं रच सकती तुम्हारे जैसी कृति को दोबारा

और न ही लिख सकती हूँ उन स्मृतियों को जो गढ़ी जा चुकी हैं हमारे मिलने के पूर्व ही

मेरा तुम जैसे लिखे हुए ख़त पर फिर से क़लम चलाना बावलापन होगा

किसी रची हुई रचना को उधेड़कर बरबाद करने जैसा होगा ये

मेरा मानना है कि इश्क़ में लिखना सिर्फ़ तभी ज़रूरी है जब काग़ज़नुमा जिस्म में कभी किसी कहानी की कशीदाकारी न की गई हो

और न ही कभी किसी कलम ने चीरा हो उस काग़ज़ का सीना दुखद और दिल दहला देने वाले वाक़यों से

जानती हूँ तुम पर लिखी विरह-विलाप की कहानी से तुम्हारे भीतर सीलन पैदा हो गई है

मैं उसे घिसकर कुरेदना नहीं चाहती

मैं तुम्हारे ऊपर बुने हुए इश्क़िया मकड़ी के उस जाल को भी नहीं हटाना चाहती

पर हाँ, मैं तुम्हें बिना बदले रोज़ पढ़ना ज़रूर चाहती ह

नए अदब और लहज़े से लबरेज़ करना चाहती हूँ

तुम पर बोसे की स्टैम्प लगा कर मैं पोस्ट करना चाहती हूँ नए प्रेमियों के पते पर

और तो और तुम्हें किरदार-ए-इश्क़ बनाना चाहती हूँ अपनी नज़्मों और अफ़सानों में

तुम्हारा तर्जुमा करना चाहती हूँ मैं अलग-अलग भाषाओं में
लेकिन फिर भी इश्क़ मीठा ही लिखा जाएगा
क्योंकि भाषा-देश-लिबास बदल जाने से व्यवहार और आदतें नहीं बदलतीं
इसलिए मैं तुम्हें नहीं रच सकती दोबारा
मेरे हक़ में तो सिर्फ़ और सिर्फ़ तुम्हें पढ़ना और पढ़ते रहना लिखा है
इसलिए सुनो ऐ मेरे इश्क़िया ख़त मुझे इजाज़त दो कि मैं तुम्हें पूरी शिद्दत से पढ़ सकूँ
इबादत-ए-ख़ुदा में न सही लेकिन मज़हब-ए-इश्क़ में अव्वलियत पा सकूँ।।

12)

ये कहानी है लिया और हनान की
दो प्रेम से भरे जिस्म और एक जान की
एक विवाह निमंत्रण और एक कब्रिस्तान की
ये कहानी है दो परिवारों के भूले-बिसरे वादों की
लिया के प्रेम में डूबे हनान की जादुई तालीम और इरादों की
हनान और लिया ऐसे प्रेमी थे जिनका रिश्ता रोमियो-जूलियट, हीर-रांझा और लैला-मजनूं से बहुत अलग था
इनके प्रेम का मुकाम सिर्फ़ धरती नहीं थी
वो तो एक अनंत नीला फ़लक था
जिसमें दो रूहों का एक छोटा सा बसेरा था
इनका प्रेम अधूरा था इस जहाँ में लेकिन पूरा हुआ मृत्योपरांत
इतनी पागल थी लिया प्रेम में
कि हनान की रूह ओढ़कर फिरने लगी हर सूं
चिल्लाती-चीखती, रोती-नाचती
लेकिन हर बार प्रेम की एक सीढ़ी और चढ़ जाती
दुनिया के लिए ये सब डरावना था
पर लिया का मन तो सिर्फ़ हनान के लिए बावरा था
और अब लिया अपने हनान के साथ चाँद पे एक छोटा सा घर बनाकर रहती है
थोड़ी प्रेम बतियां सुनती है और थोड़ी कहती है
लिया अब लिया नहीं रही वो हनान सी हो गई है
वो दुनिया के लिए फ़रिश्ता और हनान के लिए उसका ईमान हो गई है

ये कहानी अब महज़ कहानी नहीं रही
ये कहानी अब एक पूर्ण नाटक बन चुकी है
ये कहानी "दी बुक" नामक एक खेल बन चुकी है।।

13)

ये प्रेम रंग है, ऐसे न निकलेगा
जितना धोओगे इसे अपनी प्रेम बूँद से ये उतना ही निखरेगा
आइने में देखोगे जब ख़ुद को तो सँवरेगा
उनसे नज़रें मिलाने में डरेगा
कभी छुपेगा तो कभी छुपाएगा
पर फिर भी प्रेम पकड़ा जाएगा
फूलों सा खिल के मुरझाएगा
कभी देर से तो कभी जल्दी मिल जाएगा
अपनी प्रेम पोटली में ढेरों खुशियाँ भर के लाएगा
पर खुद खाली हाथ लौट जाएगा
खूब बनाना बतियां तुम
फिर भी तुम्हारी बातों में न आएगा
पर जब टूटेगा न तो मोतियों सा बिखरेगा
ये प्रेम रंग है ऐसे न निकलेगा ।।

14)

तुम्हारे न होने पर भी
तुम्हारी उपस्थिति होती है
इस घर की खिड़कियां तुम्हारी याद में अब भी रोती हैं
सूरज की वो पहली किरण जो झरोखों से प्रवेश करके सीधा तुमसे लिपट जाती थी
वो अब भी कर रही है तुम्हारा इंतज़ार
तुम्हारे जिस्म की महक़ हवाओं में है अब भी बरकरार
पुकार रहा है हर कोना इस घर का तुम्हें
पुकार रही है तुम्हें वो दीवार
जिसमें छपे हैं तुम्हारे लाल सुर्ख़ हाथों के निशान
आंगन के वो पौधे मुरझा गए हैं
चिड़ियों की चहक भी अब हो गई हैं गुम
ये घर अब अपनी अंतिम सांसे ले रहा है
अपने आखिरी समय में बस ले रहा है बार-बार तुम्हारा ही नाम
वो दरवाज़े जो तुम्हारे स्वागत में हमेशा खुले रहते थे
वो अब मातम मना रहे हैं इस घर की आखिरी अवस्था देख कर
सुनो शायद कई ज़िंदगियां बचाई जा सकती हैं
अगर तुम लौट आओ फ़िर एक बार ।।

15)

सुबह बड़ी ही खूबसूरती से आती है
जैसे कोई रानी आती है अपनी प्रजा से मिलने
इसके आगमन का ढिंढोरा पीटती हैं ये नन्हीं चिड़ियां
घोर सन्नाटे में सिर्फ़ चहचहाहट ही गूंजती हैं
सुबह शायद माँ होती है सूरज की
क्योंकि ये उसके उदित होने से पहले आती है
और हवा तो तेज़ गति से टहलती है
ठंडा बर्फ़ीला बदन लिए सूर्य के इंतज़ार में
और सूर्य के आते ही खो जाती है उसके प्रेम में
फिर धीरे-धीरे होता है इनका मिलन और बदलती जाती है हवा की तासीर
उसका बदन अब ठंडा न होकर हो जाता है हल्की तपिश से भरा कुनकुना सा
हवा को यूं बदलता देखकर प्रकृति हर बार पूछ उठती थी
यूं दूसरों के लिए खुद को क्यों बदलती हो
तो हवा का एक ही जवाब होता था
कि दूसरों के लिए कौन बदलता है
मैं तो बदलती हूं सिर्फ़ प्रेम के लिए ।।

16)

तुम्हारे शब्द रात में अक्सर मेरी क़लम के सिरहाने आकर बैठ जाते हैं

और उसके कानों में फूंक देते हैं अक्षर रूपी प्राणवायु

जाग उठती है फिर वो

और चल देती है काग़ज़ पर बनी राहों में

कभी थक कर रुक जाती है वह और छोड़ देती है बिन्दु नुमा पैरों के निशान

कभी चलती है लगातार तो साँसों की स्याही हांफ जाती है

पर फिर भी शब्दों के द्वारा भेजा हुआ प्रेम बयां करके ही दम तोड़ती है

ये तेरे काँच से बिखरे शब्दों को जोड़ती है

मेरी क़लम मुझ जैसी ही ह पर सिर्फ़ प्रेम का कफ़न ओढ़ती है ।।

17)

रूह तो उसी दिन मर गई थी जिस दिन तुमसे बिछड़ी थी
बचा था तो बस एक हाड़-मांस से बना हुआ पुतला
जिसे चला रही थीं कुछ सांसें
जो बार-बार भीतर जाकर बाहर आ रही थीं
दो आँखों के जोड़े भी थे जिन्होंने तुम्हें आखिरी बार देखने के बाद कुछ नहीं देखा
अब वो दोनों खुद से ही बातें किया करते हैं
कानों ने तो अब सन्नाटे से दोस्ती कर ली है
क्योंकि तुम्हारे अलावा इन्हें किसी की आवाज़ पसंद ही कहां थी
और होंठों के पास अब मुस्कुराने की वजह नहीं है
खुद में ही वो न जाने क्या बुदबुदाते रहते हैं
आहट महसूस होने पर भी पैर अब दौड़कर दहलीज़ पार नहीं करते
अब तो चेहरा भी आईना देखने से डरता है, कहता है कि रूह के बिना उसका नूर ग़ायब हो गया है
कहीं ग़लती से आईना देख लिया तो शायद ये हाड़-मांस का पुतला भी न बचे
तुम्हारे जाने के बाद अब तो ये भी याद नहीं आता कि मेरा नाम क्या था
मैं थी भी या नहीं, तुम्हारे जाने के फ़ैसले ने मेरी ज़िन्दगी के "है" को "था" में बदलकर रख दिया ।।

18)

कई बार लिखा था मेरे लिए कई क़लमों ने
पर सबने हमेशा मुझे किसी कविता या नज़्म से ही आंका था
मतलब महज़ कुछ अच्छे और लुभावने शब्दों से भरे एक पन्ने से
पर तुम पहले थे जिसने मुझे अपनी प्रिय किताब कहा था
मतलब एक पूर्ण किताब जो ढेर सारे पन्नों से भरी होती है
सच कहूँ तो तुम्हारे लिखे शब्दों के सामने मैं बहुत तुच्छ और छोटी थी
क्योंकि तुम्हारे शब्द तो कोयले की खदान से निकले हीरे की तरह थे
और मैं,
मैं तो शायद वो कोयला भी नहीं थी जिसमें से हीरा निकलता है
तुमने मुझ साधारण सी लड़की को अपने अनमोल शब्दों की शॉल ओढ़ाकर
सम्मानित महसूस करा दिया था
तुम्हारे लिखे शब्दों ने मेरी रूह तक को हिला दिया था
तुम्हारी कविता ने मुझे ये तो बता दिया था
कि स्वयं के लिए या फिर दूसरों के लिए मैं इतनी महत्वपूर्ण भले ही न होऊं
पर तुम्हारे लिए उस किताब की तरह महत्वपूर्ण थी
जो तुम्हारे बस्ते में हमेशा सबसे ऊपर रखी जाती थी ।।

19)

कुछ रंगों को शब्दों में बयां करूंगी
अपने इस प्यार को सप्त रंगों से भरूँगी
तुमसे हुई पहली मुलाकात को हर बार याद करूंगी
मैं उन रंगों से भरे थाल को सहेज कर रखूंगी
मेरी फ़ीकी ज़िन्दगी में मिठास भरी थी तुमसे
और बेरंगीन ज़िन्दगी में आस जगी थी तुमसे
जो रंग भेजे थे तुमने उन काग़ज़ों में बांध के
अब चलते हैं हर वक़्त वो मेरे साथ में
तुम्हारे गीतों का कारवां भी मेरे संग अठखेलियां करता है
मेरी सपनों की दुनिया में अब तुम्हारा ही इत्र महकता है
मेरे सफ़ेद लिबासों पर अब तेरा ही रंग चढ़ता है
ये क़िस्सा राधा और कृष्ण के प्रेम सा लगता है
रंगों की कहानियों में अब मेरा भी एक रंग भरा क़िस्सा पलता है।।

20)

दो घरों से जुड़ी हुई एक दीवार
जिसकी रीढ़ की हड्डियां मिली हुई हैं एक दूसरे से
सांसों की सरसराहट और दिल की गुफ़्तगू
रूह से सारी बातें फुसफुसा रही हैं आहिस्ता से
अदला बदली होती जा रही है दो घरों की भावनाओं में
क्रोध, प्रेम, स्नेह, स्पर्श, रंगत एक-दूसरे के हँसने-रोने की जोर की सिसकियाँ
इन दोनों दीवारों के प्रेम को ख़त्म करने के लिए कीलें ठोंक कर इन्हें चोटिल करने के नाकाम क़िस्से भी हैं लोगों के
और तो और क़रीबों द्वारा मज़हबी कैलेंडर की मोहरें भी लगाई गई हैं इनके सीने पर
केसरी और हरे लिबासों वाली ये दीवानी दीवारें एक-दूसरे की पीठ से पीठ कुछ इस तरह से मिलाकर बैठी हैं
मानो इश्क़ वाली शाम में दो आशिक़ नदी के किनारे बैठे हों और साझा कर रहे हों अपने इश्क़ के अफ़सानों को
दोनों की नज़रें भले न मिली हों पर धड़कनें ज़रूर रूबरू हो रही हैं
सिर से सिर टकरा रहा है और सोच दिमाग की दहलीज़ लांघकर आर पार भेज रही है संकेत
एक ऐसा ख़तनुमा संकेत जिसकी शुरुआत प्रिय मोहब्बत से होती है
जिसका हर अक्षर लम्बी गहरी साँसों को रोककर आहिस्ते से उकेरा गया है
जिसे पढ़ते वक़्त माहौल में उठने वाली महक हवन और लोबान की मिली जुली गंध से सुसज्जित है

इश्क़ में डूबी हुई वो दो दीवारें जिनपर प्रेमियों ने गोदा है अपना नाम

वो एक दूसरे को पीठ किए ज़रूर बैठी हैं लेकिन एक दूजे से बेइन्तहा इश्क़ भी किए बैठी हैं ।।

21)

लिखना उतना ही कठिन था तुम्हें
जितना आसान होता था तुम्हें पढ़ लेना
तुम्हारा मुझे एक पल के लिए देखना ही
ये बतला देता था कि तुम क्या कहना चाहते हो
तुम्हारी प्रेम और दुख भरी आँखों में अंतर कर लिया करती थी मैं
पकड़ लेती थी तुम्हारी नकली मुस्कान को
सुन लेती थी तुम्हारे सारे बहाने
कर लेती थी कोशिश तुम्हारी तरह सोचने की
ढाल लिया था तुम्हारी हर आदत को अपने अंदर
मैं खुद को छोड़कर आई थी कहीं
तुम्हारे पास तुम्हारे लिए तुम जैसी बनने को
तुम्हें पसंद नहीं था न
मेरा चलने का ढंग
वो भी बदल दिया है
अब इठला के नहीं चलती हूँ
अब चलती हूं तो बस मुक़ाम तक पहुंचने को
मैंने तुम्हारे लिए सब कुछ बदला था अपना
पर इस बदलाव के दौरान तुम ही बदल गए
मै अब भी इंतज़ार में हूँ तुम्हारे फिर से वैसे हो जाने की जैसे पहले थे तुम
तुम्हारा लौटना निश्चित नहीं है जानती हूँ
पर दिल अब भी एक आस लिए बैठा है तुम्हारी प्रतीक्षा में।।

22)

आओ एक रात प्यार के संग गुज़ारें
ज़िन्दगी की किताब से शिकायतों के पन्ने फाड़ें
भूल जाएं पुरानी बातें और नई बातों का क़िस्सा गाड़ें
जिस क़िस्से में कुछ तेरे और कुछ मेरे शब्द हों
पढ़ें जो भी उन्हें वो निशब्द हों
ऐसा प्रेम रचें जो अब तक लिखा न गया हो
जिसमें प्यार दिखे पर वो शब्दों में बयां न हो
कब दिन हो और कब रात ये भी पता न हो
जो चलता रहे निरंतर   बिना अंत
शहर-दर-शहर घूमे वो बिना किसी ठौर-ठिकाने के
हर प्रेम कथा की तरह चंद मुलाक़ातों के बाद एक दूसरे को छोड़ कर जाना न हो
इंतज़ार करे कोई एक तो दूजे के पास बहाना न हो
न कुछ पाना हो और न ही कुछ खोने का डर हो
आओ एक ऐसा प्रेम लिखें कि भूल जाएं हम खुद को
पर हमारे प्यार को याद करने का ज़माना तो हो....।।

23)

कुछ दिन पहले ही मुलाक़ात हुई है उससे
उसका दूधिया रंग और चमकती बोलती आँखें
दुनिया के हर शब्दकोष से भरी हुईं
उसकी तारों सी टिमटिमाती बातें
आफ़ताब और महताब से भी ज़्यादा खूबसूरत हैं
उसकी मुस्कान के तो क्या कहने
इस फीकी दुनिया के सामने मीठी ही लगती है
उसके लिबास जैसे फरिश्ते के लिबास हों
उसे जब पहली बार देखा तो स्तब्ध सी रह गई मैं
उसको ताकने से हर ग़ज़ल और हर नज़्म के मायने छोटे से लगने लगे थे
उसे देखकर मेरे अल्फ़ाज़ों की पोटली उफान मार रही थी
शायद शब्दों के महासागर भी तुम्हें देखकर थोड़ा थम सा जाते होंगे
लेकिन जिस दिन तुमसे मिली थी उसी दिन महसूस हुआ था
कि मेरी नन्हीं सी क़लम को फिर से शब्दों की स्याही मिल गई है
और तब ही सोच लिया था कि अब मैं हर बार
तुम्हें ज़हन में रखकर ढेर सारी रचनाएं गढ़ूंगी
तुम्हारी जितनी तारीफ़ करूं उतनी कम है
लेकिन अब अपनी हर दास्तां मे मैं तुम्हें ज़रूर याद करूंगी.... ।।

24)

सुनो
मैं तुम जैसे अपरिचित से परिचित सा प्रेम कर बैठी हूँ
मैं शायद तुम जैसी हो बैठी हूँ
तुम्हारी ही यादों में दिन-रात लुटा बैठी हूँ
गुम थी बरसों से जाने कहां
लेकिन ख़ुद को अब तुममें खोज बैठी हूँ
इश्क़ करना तो नहीं आता मुझे
पर इस बार मैं प्रेम-परीक्षा में बैठी हूँ
तुम्हारा सफ़र कठिन है जानती हूँ
फिर भी मैं हमसफ़र बन बैठी हूँ
अब मैं अपनी गाढ़ी नींद के सपनों को तुम्हें सौंप बैठी हूँ
सुनो शायद मैं तुम जैसे अपरिचित से परिचित सा प्रेम कर बैठी हूँ।।

25)

नदी के किनारे बालू के अनंत मैदान में
किसी सीपी के भीतर
एक चमकीले छोटे मोती सा
पनप रहा था प्रेम हमारा
चमक रहा था ऐसे
जैसे हो कोई ध्रुव तारा
उस चौड़ी आकाशनुमा सीपी की कोख में चाँद सा लगता था हमारा प्रेम
कभी लहरों से टकराकर किसी कोने में उदास बैठ जाता था
तो कभी सीपी के पर्दे से बाहर हल्का सा झाँकता था
ये नन्हा सा प्रेम सूर्य की किरणों को तापता था
और रोम-रोम में बसा लेता था उसकी तपिश
कभी-कभी तो बहुत लंबी जल यात्रा पर निकल जाया करता था और फिर लंबे सफ़र से लौट आता था वापस उसी बालू के मैदान में और पड़ जाता था औंधा
जैसे छोटे बच्चे सोया करते हैं
हमारा प्रेम छोटा ज़रूर था लेकिन एक दूसरे के प्रति बहुत सच्चाई से भरा हुआ था
और मुझे ये भी यक़ीन है कि जिस दिन ये बड़ा होगा उस दिन मेरे नाम का मोती रात की चांदनी में दुल्हन सा चमकता हुआ उस सीपी की ख़ोल से निकल जाएगा

और फिर हम दोनों के पास होगा एक अनंत आसमान, उफान से भरी लहरें और बालू का तपता मैदान और उन लहरों में डूब कर फिर शुरू होगी एक यात्रा

हमारी यात्रा, एक प्रेम यात्रा ....।।

26)

बिजली नाच रही है
बादल के सीने पर
उसकी गर्जन ही है उसके घुँघरूओं की झंकार
पवन दे रहा है ताल उसके सुरों को
मेघ गा रहा है मेघ मल्हार
सजी है बिजली चाँद की बिंदिया लगाकर
पहने हैं उसने तारों के ज़ेवर
आसमान भी मन्त्र मुग्ध हुआ देखकर उसके तेवर
आँधी और तूफ़ान कर रहे हैं उसकी संगत
दिखा रहे हैं अपने ढेरों किरदार और फैला रहे हैं कला की रंगत
हवा चल रही है धीमी गति से और उड़ा रही है उसकी चुनर
शरमा रही है बिजली पर फिर भी चल रही है प्रेम डगर
घूँघट के उठते ही बिजली की चमक और छटा देख के
मेघ की आंखें प्रेम से भर आईं
उसके आँसुओं ने नया राग छेड़ा और नई सरगम है बनाई
बरसों के इंतज़ार के बाद आज मिलन बेला है आई
बादल ने बनाया है विवाह मंडप और पवन ने उसकी डोली है सजाई
बिजली और मेघ की प्रेम कथा आज वर्षा बन के आई......।।

27)

रातों को बूढ़ा और दिन को पैदा होते देखा है मैंने
ढलते सूरज को शाम की गोद में सोते देखा है मैंने
बादल की चोर चाल, हवा की रेत से चुहल
रेगिस्तान सा सन्नाटा और पेड़ों का संगीत सुना है मैंने
जीवन और मौत के बीच के अन्तराल को महसूस किया है मैंने
सीखा है चिड़िया से डरना और बेबाक होना
कभी बेखौफ़ हँसना तो कभी डर के रोना
आसमान को छूना, तितलियों के पीछे भागना
कभी खुद को रोकना तो कभी आगे-आगे दौड़ना
अपनों को मानना तो कभी खुद से लड़ना
मैं ऐसी ही थी हमेशा से, पर तुम ही थे जिसने कभी नहीं जाना
मुझमें घुल के मुझसा ढलना ।।

28)

मैंने उससे कहा कि तुम मुझे बहुत पसंद हो

और मैं ये भी जानता हूँ कि ये लफ़्ज़ सुनकर तुम्हारी पोटली में शब्द नहीं होंगे

पर जब शब्द मिलें तो उन्हें मेरा पता दे देना

क्योंकि जब तुम्हारे शब्दों की पोटली खुलेगी न

उस दिन ढेरों उत्तर होंगे मेरे पास

मैं उन लम्हों का इंतज़ार करूंगा जब तुम्हारे अल्फ़ाज़ मुझे अपनाएंगे

और फिर मेरे हाथों में वो कुनकुनी उंगलियाँ होंगीं जिन्हें सहलाने से पिघलेंगी दो आत्माएं

मेरी आँखों में तुम्हारी आँखें घुल जाएं

बस इतना सा ही तो ख़्वाब देखा है मैंने...।।

29)

देखा है तुम्हारी इन आँखों में ढेरों भाषाओं का संग्राम
जो चीख-चीख के पुकारती हैं मुझे
और कहती हैं कि पढ़ डालूं वो सारे प्रेम ख़त
जो कभी लिखे थे इस दिल ने मेरे लिए
बुने गए थे जो ठीक उस प्यारे सपने की तरह
गहरी नींद में भी जो एक शान्ति और हल्की मुस्कान दे जाता है।
ये वो प्यार था जो निस्वार्थ और अनमोल था
पर मैं ही थी जो भटकती रही दुनिया में
ये जानकर भी अंजान जैसे कि कोई आँखों में बसा के बैठा है मुझे...।।

30)

कल रात उसकी मौत हो गई

उसके कुछ अल्फाज़ों ने मेरे भीतर उसे मार डाला

मेरे ज़हन में पलने वाले प्रेम को मोतियों सा बिखेर डाला

किस तरह अपने आप को इस बात से रूबरू कराने पर मजबूर किया है मैंने

कि वो अब मेरे अंदर से कहीं दूर बहुत दूर सफ़र पर जा निकला है

इस बात पर दुख भी नहीं किया मैंने

उससे वादा जो किया था कि

कभी शिक़ायत का मौका न दूँगी तुझे

इन आँखों को नम न होने दूंगी

क्योंकि ये आँखे हमेशा से उसकी जो थीं

जिनमें उसका बसेरा था

पर ये आँसू कहां मानने वाले थे,

इनकी ग़म भरी बरसात ने उसका बसेरा इन आँखों से उजाड़ दिया ।।

31)

वो पूछते हैं कि मेरे जाने के बाद क्या चलता है तेरी ज़िन्दगी में

मैं कहती हूँ कि चल रही है वही पुरानी क़लम तेरे जज़्बातों से भरी अधूरी स्याही के साथ

जो मेरे क़रीबों से भी ज़्यादा क़रीब लगती है मुझे

और उसकी छोटी-छोटी दास्तानें कमबख़्त अभी भी तुम्हें याद करती हैं

क्या करें आवारा जो ठहरीं

जब मन नहीं लगता इनका तो दौड़ी चली आती हैं तेरी ही तरफ़

तुझसे ये पूछने कि भूल चुका है तू मुझे या अब भी याद करता है

अपने सपनों को अब भी बेच देता है

या यूं ही रातें बर्बाद करता है।।

32)

मेरे आलिंगन में तुम्हारा चंद्र बदन चमक रहा था

तुम्हारी गंध में अब मेरे तत्व मिल रहे थे

तुम्हारा कमल की तरह नरम वक्षस्थल मेरी पर्वत सी कठोर छाती से टकरा रहा था

और हम दोनों की सांसे एक दूसरे की सरहदें पार कर रही थीं

मेरे होंठो ने तुम्हारे होठों को क़ैद कर लिया था

मैं तुम्हारे साथ उस हर पल को जी लेना चाहता था

जो शायद आने वाले दिन के सूरज के साथ चाँद सा ढल जाएगा।।

33)

दरवाज़े पर आहट सुनके पूछ लेती हूँ तुमसे
कि तुम आ गए हो या मैं अब भी इंतज़ार करूँ
मन में उठती लहरों को रोक दूं या निरंतर उठने दूं
तुम्हारे न आने के बहानों से
ये दिल भी तो अल्हड़ और गद्दार हो गया है
इसे कैसे वफ़ादार करूँ
इंतज़ार की घड़ी ने भी दिल का प्रेम सुखा दिया है
अब तुम ही कहो मैं कैसे तुमसे प्यार करूँ...... ।।

34)

मुझे बहुत प्यार है अपने हाथों से
क्योंकि ये मेरी क़लम को सहारा देते हैं
उसके हाथों को हाथों में थामकर उसे चलना सिखाते हैं
जिस प्रकार एक नन्हें बच्चे को चलना सिखाया जाता है
मेरी सोच को आकार देते हैं, हर शब्द को उसका अधिकार देते हैं
लेखक पहचान देते हैं
अगर ये ना होते तो ये शब्द, शब्द ही रह जाते शायद.... ।।

35)

इन नज़रों में इंतज़ार भरा हुआ है

तुम लौट आओ तो इन पलकों को कुछ आराम मिले

इन आँखों में तैरती तुम्हारी पुरानी छवि नमी से खो ना दूं इस बात का डर है

अपनी साँसों की डोर टूटने के पहले मैं तुम्हें एक बार जी भर के ताकना चाहती हूँ

इस शरीर को छोड़ने के पहले तुम्हारी नई छवि को अपनी आत्मा में समा लेना चाहती हूँ

बीते हुए वक़्त की यादें मैंने अपने कफ़न की जेबों में भर ली हैं

पर एक आख़िरी लम्हा अब भी बाकी है

तुम लौट आओ तो इस इंतज़ार को अपना ठिकाना मिल जाएगा ।।

36)

एक किताब है
जिसके दो ही पन्ने हैं
ठीक नदी के दो छोरों की तरह
जिनका अंत ही अनंत है
जिनकी दूरी में उफनता है अपार प्रेम
और इस प्रेम के मध्य घूमती है एक नाव
जो निभाती है डाकिए का किरदार
और पहुँचाती है एक छोर के इंतज़ार की व्यथा को दूसरे छोर तक
वो करती है किसी की बेइन्तहा चाहत का बखान
जो सिर्फ़ और सिर्फ़ थी उसकी प्रतीक्षा में
चिट्ठियों का किस्सा यूं ही चलता है
प्रेम दूरी में ही सही लेकिन चिट्ठियों की गोद में पलता है
उन्हीं चिट्ठियों की गोद में जो आज-कल विलुप्त हो गई हैं
और उन प्रेम चिट्ठियों में कभी-कभी क़लम की स्याही ना होकर होती है किसी के इंतज़ार से भरी आंसुओं की स्याही
और इस स्याही से ही लिखा जाता है प्रेम ग्रंथ
पर मैं ग्रंथ नहीं लिखना चाहती मेरी तो बस इतनी सी चाहत है
कि उस दो पन्नों की क़िताब में आधा पन्ना मेरा भी हो ।।

37)

मैंने रेगिस्तान में पानी देखा है
मैंने मौत को जीते हुए देखा है
मैंने देखा है तुझे जब भी सोने सी दमकती मुस्कान को देखा है हर बार
मैंने महसूस किया है उसके पागलपन को
मैंने सीखा है उससे दूसरों को हंसाने का हुनर
मैंने उसकी चाल से चलना सीखा है
दिन में भी चाँद के तकिए पर बैठकर आसमान की चादर ओढ़े उसे सोते देखा है मैंने
और देखा है उसकी आँखों में मैंने एक चमकता सा सपना
मैंने उसे दिल खोलकर जीते देखा है
वो लड़की है या अफ़लातून, मैंने उसे बिना पंख के उड़ते देखा है
उसकी पतली सी आवाज़ में मैंने सुने हैं अज़ान के बोल
मैंने एक चांदनी को रास्तों पर टहलते देखा है
सफेद लिबासों में मैंने रंगों से भरा थाल देखा है
उसकी शैतानियों में मैंने एक मासूम सा बचपना देखा है
खाली पन्नों सी है वो, फिर भी मैंने उसमें कहानियों का संग्रह देखा है
मैंने उसके दुख- दर्द और खुशियों का ठिकाना भी देखा है
मैंने उसके अंदर तारों सी चमक और अल्हड़पन भी देखा है
अपने सामने की खिड़की पर मैंने एक ज़िन्दगी को सांसे लेते देखा है

हाँ मैंने एक लड़की को पंछियों सा आसमान को छूते देखा है
मैंने उसे हर नई सुबह के संग हर बार जन्म लेते देखा है
हाँ मैंने चाँद से बातें करने वाली एक फ़रिश्ते सी लड़की को देखा है.... ।।

38)

समुद्र की चादर ओढ़कर रेत का तकिया लगाया है
अपने सपनों को मैंने अपने ही हाथों डुबाया है
घास के तिनकों से जो तेरा नाम लिखा था उसे हवा के झोंकों ने उड़ाया है
साजिश तो बहुत थी सबकी तुम्हें मुझसे जुदा करने की
पर कोई भी सफल नहीं हो पाया है
जो प्रेम कच्चा था उसे सूरज ने तपा सोना बनाया है
चाँद ने सुकून और चैन की नींद दी
पर मेरी दुआओं को तो तारों ने ही मुकाम तक पहुंचाया है
इंद्रधनुष ने ज़िन्दगी रंगीन की
पर बरसात ने उसे फिर से बेरंग बनाया है
धूप ने प्रेम चिंगारी दी, तो जड़ों ने उसे ठंडक का अहसास कराया है
जितना जला जितना भीगा उतना ही तजुर्बेदार बना
अब तो ये बहुत मज़बूत हो गया है
झूठा नहीं सच्चा था ये प्यार
इस बात का भी सबूत मिल गया है
ये सब मेरे प्रेम क़िस्से का ताबूत हो गया है
जिसमें भरे हैं ढेरों प्रेम पत्र
जो तुमने मुझे लिखे थे और हर पत्र का जवाब मैंने लिखा तो था पर भेजा नहीं कभी

जब तुम्हें तुम्हारे शब्दों में पढ़ा था तो दूरी के एहसास में रोई भी थी
बिखरी थी बहुत बार, ढेरों रातें सोई न थी
कई बार तो दीवारों को ही अपने मन की बात बताती थी
डूब जाती थी इतना तुममें कि वापस नहीं आती थी
कुछ चाहा न था उस ख़ुदा से, मैं तो सिर्फ़ तुम्हारे भीतर रहकर जीना चाहती थी.. ।।

39)

माना कि मेरे इश्क़ में रफ़्तार नहीं है,
लेकिन ऐसा नहीं है कि तुमसे प्यार नहीं है
वक़्त रुक जाए तो ताक लूं तुम्हें मुद्दतों तक
लेकिन किसने कहा कि इस बात का इंतज़ार नहीं है
तुम्हारे जाने के बाद बचा है सिर्फ़ जिस्म अब इसमें जान नहीं है
जताने-बताने की पाबंदी है, दहलीज़ है, वादों क़समों की
लेकिन मेरे पंख उड़ना जानते हैं बस इनकी तेज़ उड़ान नहीं है
माना कि मेरे इश्क़ में रफ़्तार नहीं है,
लेकिन ऐसा नहीं है कि तुमसे प्यार नहीं है
हर जगह महसूस कर पाती हूँ, हर जगह तुझे मौजूद पाती हूँ
ज़माना भूल रही हूँ अब पर तुझे भुलाना आसान नहीं है
सुनो क्या तुम प्रतीक्षा के पल्लू में बांध सकते हो कुछ लम्हे
सुना है इश्क़ आज़ाद होता है इसमें कुछ अविस्तार नहीं हे
माना कि मेरे इश्क़ में रफ़्तार नहीं है,
लेकिन ऐसा नहीं है कि तुमसे प्यार नहीं है
कभी मेरी चुप्पी से भी समझा करो मेरी बातों को
कहा जाता है इश्क़ निबंध है इसमें भाषा के बंधन नहीं हैं
कभी पढ़ डालो मेरी आँखों को कौन कहता है इनमें विस्तार नहीं है
मेरी लेखनी में शब्द बहुत हैं तुम्हारे लिए पर अब
इन शब्दों में तेरे अक़्स का श्रृंगार नहीं है
सुना था कहीं कि देह नश्वर है लेकिन क़ैद है पर

रूहों के लिए इश्क़ का कोई अवकाश नहीं है

क़िरदार बदल के मेरे ज़िस्म के पिंजरे में देखो उसमें भी ख़ुद को पाओगे

फिर ख़ुद-ब-ख़ुद कहोगे कि कौन कहता है कि तुझे मुझसे प्यार नहीं है

सपनों की नदी में जो सफ़ीना-ए-इश्क़ है उसमें तू सवार नहीं है

ये कविता जवाब है तुम्हारे हर प्रश्न का, सुनो इसे ग़ौर से पढ़ना फिर जान जाओगे

कि कौन कहता है कि मुझे तुमसे प्यार नहीं है

लो मान लिया कि मेरे इश्क़ में रफ़्तार नहीं है,

लेकिन ऐसा नहीं है कि तुझे मुझसे प्यार नहीं है

इंतज़ार रहेगा तुम्हारा हमेशा चले आना

मेरा बसेरा उफक के पार कहीं है।।

40)

रात फिर से आई हैं अपने प्रेमी चाँद के साथ
और इन दोनों ने मिलकर तारों को पैदा किया है
जो टिमटिमा रहे हैं दोनों के प्रेम में
उनकी ये हल्की सी चमक इन दोनों की प्रेम कथा बयां कर रही है
कि कैसे चाँद ने रात को कभी उसके इंतज़ार का मौका न दिया
प्यार ऐसा निस्वार्थ था कि कभी कोई सौदा न किया
रात की गोद में सिर रखकर चाँद घंटों प्रेम की बातें किया करता है
वो निरंतर बढ़ रहा है रात की गोद में
कभी-कभी तो खेलता भी है छुपन-छुपाई और छिप जाता है
बादलों की चादर ओढ़कर
पर रात ढूंढ़ लेती है उसे और लगाए रखती है अपने गले से
और कोस देती है फिर बादलों को, कि चाँद सिर्फ़ मेरा है इसे यूँ
नज़र न लगाया करो
जाओ कोई और ठिकाना ढूंढो यहां न आया करो
बीत जाता है समय इसी तरह और आ जाती है जुदा होने की
बेला
रात करने लगती है फिर ढेर सारे वादे और मुस्कुराकर कहती है
कि अगर तुम न होते तो ज़िन्दगी शायद अंधेरे में ही कट जाती
फिर न मेरा कोई वज़ूद होता और न मैं रात कहलाती
तुम ही तो मेरा श्रृंगार हो, तुम हो तो मैं हूँ
वरना कब की ये रात विधवा हो जाती.... ।।

41)

यौवन की दहलीज़ हर उस घर में होती है
जहां लड़कियां पल रही होती हैं
एक दौर होता है उम्र का जब प्रेम पनप जाता है मन में
और ढूँढ़ने लगता है ये दिल कुछ इश्क़िया पल जीवन में
मेरी ज़िन्दगी में भी प्रेम की लहर उठी थी
लेकिन मैंने तहज़ीब की वो दहलीज़ पार नहीं की थी
मैं अपने प्रेम और प्रेमी को कल्पना से काग़ज़ में समेट बैठी थी
मैं अपनी पवित्रता को अपवित्र किए बिना इश्क़ कर बैठी थी
एक काव्यात्मक इश्क़
एक ऐसा इश्क़ जिसने मेरी रूह के गोशे-गोशे में इश्क़ के बोसे छोड़े थे
और जिसमें अब भी बचकाना सा कुछ था
पर मैं इसी प्रेम में अपने आने वाले कल के प्रेमी का किरदार तय कर रही थी
मैं कलम से काग़ज़ का मेल कर क़िरदारनिगारी कर रही थी
इसलिए नहीं कि कोई प्रेम प्रस्ताव नहीं था मेरे सामने
बल्कि इसलिए क्योंकि मैं काल्पनिकता में वास्तविकता रच रही थी
मैं अब भी अपनी तहज़ीब की दहलीज़ के भीतर बैठे प्रेम का महाकाव्य गढ़ रही थी
क्योंकि उन पलों को वास्तविकता में जीने के पहले मैं अपनी ख़्वाहिशों को इकट्ठा कर लेना चाहती थी
मैं अपने भटकते मन को एक मुकम्मल ठिकाना देना चाहती थी

मैं अपने जिस्म की फ़रोशी नहीं इश्क़ की कोशिश में थोड़ी मेहनत कर लेना चाहती थी

मैं बाइकों में घूम के या थोड़ी इश्क़िया बातें करके खुद को तसल्ली नहीं देना चाहती थी

इसलिए मैं उभरते यौवन की घड़ियों को तहज़ीब की दहलीज़ के भीतर रखकर पनपाना चाहती थी।।

42)

अब के मिलो तो मेरे माथे को चूम कर मुझे गले से लगा लेना

कुछ इश्क़िया धब्बे हैं तुम्हारे नाम के मेरे दामन में

उन्हें अपनी सफ़ेद रंग की कुर्ती पर सजा लेना

और फिर मेरे हाथ को पकड़कर ले जाना मुझे किसी अजनबी दुनिया में

एक ऐसी दुनिया में जहां क़यामत की चीख़ से शुरुआत होती हो खुशी की

जहां मस्तिष्क के कानों में सिर्फ़ इश्क़ की बोली गूंजती हो

जहां मौत भी तकिया लगाए आराम का गाना गाती हो

और दिल सिर्फ़ प्रेमियों के मिलन पर धड़कता हो

ये ऐसी जगह होनी चाहिए जहां रातों में रोशनी का अवकाश होता हो और दिन में जश्न मनाए जाते हों

जहां विरह का दुख और मिलन का आनंद शाम सा हो जो दिन और रात दोनों को मिला देता है

जहां परम्परा को त्याग दिया जाता हो और इश्क़ को दहलीज़ों में क़ैद न किया जाता हो

और एक बहुत बड़ा दिल का का़बा होना चाहिए वहां पर ताकि प्रेम पर सज़दे की कोई अज़ान उठे

और हर पाबंदी से मुक्ति के रास्ते खुल जाएं

सुनो अब के मिलो तो मेरे माथे पर चूम कर मुझे गले से लगा लेना....।।

43)

एक सफ़र था जो प्रेम से भरा था

सफ़र में ज़्यादा कुछ न था

थी तो सिर्फ़ एक छोटी सी दास्तां

रेल और पटरी की दास्तां

जो सिर्फ़ सुनाई देती थी उनके मिलन पर

रेल पटरी से जब-जब मिलती थी तो एक आवाज़ उत्पन्न होती थी

दो दिलों की आवाज़ जो एक साथ एक ही गति में धड़कते थे

हर बार यही महसूस होता था मानो कोई प्रेमिका अपने प्रेमी से मुद्दतों बाद मिली हो

और मिलते ही लिपटकर करने लगी हो विलाप

रेल की सीटी जब बजती थी तो लगता था जैसे कह रही हो

सब रास्ता छोड़ दो यहां से दो प्रेमी गुज़रने वाले हैं

और उस धुएं से लगता था कि रेल और पटरी के बीच कहीं-न-कहीं कोई आग ज़रूर सुलग रही है

जब भी इंजन बदलने के लिए गाड़ी रुकती तो लगता जैसे कोई दुल्हन अपने नए लिबासों को पहनकर सज गई है

रेल का हर बार रुकना मुझे अहसास कराता था कि वो शायद थक कर रुक गई है

क्योंकि रेल पटरी के लिए घर छोड़ कर भागी जो थी

और इसी ख़ौफ़ से रुक-रुक कर आगे बढ़ रही थी

घूम रही थी वो अपने प्रेमी के साथ शहर-दर-शहर इस गोल दुनिया में

इस सफ़र के दौरान रेल और पटरी की मुलाक़ात हज़ारों से हुई
और वो खुशी-खुशी शामिल हो गए इनके सफ़र में

एक ऐसे ही सफ़र के दौरान मैंने रेल-पटरी के उस रिश्ते को जैसे जी लिया

और इस महसूसगी ने मुझे हमारी याद दिलाई है

याद है ना तुम्हें, हमारी भी एक कहानी थी, एक सफ़र था

लेकिन हमारा अंत सिफ़र था..... ।।

44)

अहसास के लिबासों को पहनकर चलने वाले
मेरी लेखनी में थोड़ा इश्क़ भर दे
मेरे काग़ज़ी कपड़ों पर अपने शब्दनुमा बोसे जड़ दे
मेरी ओढ़नी में नासमझी की जो तरलता है
उसे समझदारी की चादर सा मज़बूत कर दे
मुझे फन दे दे इश्क़िया इबादत का
मुझे प्रेम का जोगी बना दे
कर दे इतनी सी नवाज़िश मुझ पर
कि आधी रात के चाँद सा मुझे तपना सिखा दे
सुन रखा है मैंने कि जिस पर तेरी मेहरबानी होती है उसे उल्फ़त-ए-दीद हो जाता है
जिस इश्क़ से लोग नक़ाब कर लेते हैं
उसी इश्क़ का दीदार हो जाता है
बेड़ियों में जकड़ा मुज़रिम भी प्यार में वफ़ादार हो जाता है
दुआ का दरवाज़ा जब खुलता है तो हर प्रेम नमाज़ी वक़्त का पाबंद हो जाता है
अहसास के लिबासों को पहनकर चलने वाले
सुन मेरी भी इक दुआ है
रातों के फ़रियादी काफ़िलों में मुझे भी थोड़ी जगह दिला दे
मेरी लेखनी में भी थोड़ा इश्क़ भर दे
मेरे काग़ज़ों में भी जान फूंक दे।।

45)

तुम मेरे जीवन की स्रोतस्विनी बनकर नदी जैसे बह रहे हो मेरे भीतर
मेरी कुछ स्मृतियां अब विस्मृत हो रही हैं
मुझे आभास हो रहा है कि मैं तुमसे प्रेम करने लगी हूं
तुमसे मिलने पर स्वर्ग समान महसूस होने लगा है
थोड़ी देर के लिए ही सही
लेकिन तुम्हें देखने में आनंद आने लगा है
इस थोड़े में ही मुझे तृप्त कर देने वाली बहुत सी बातों के उत्तर हैं
तुम्हारी आँखों से कहे हुए कुछ शब्द सीधे मेरी आँखों में समाकर भीतर तक उतर जाते हैं
और रात में मुझे एक सपनीली दुनिया में ले जाते हैं
तुमसे किए हुए वादे पूरे नहीं कर पाती हूँ
न जाने क्यूँ तुम्हारे करीब आते-आते फिर पीछे हो जाती हूँ
उन सीमाओं और नियमों की दहलीज़ को मैं पार नहीं कर पाती हूँ
मैं बड़ी-बड़ी बातें करती हूं लेकिन तुम्हारे छोटे-छोटे इशारों को नहीं समझ पाती हूँ
मैं हँसने लगती हूँ बेवजह जब भीतर से रोना चाहती हूँ
कुछ ख़त लिखे हैं तुम्हारे नाम के
जिन्हें मैं रोज़ सुबह नियम से पढ़ जाती हूँ
लेकिन ये विषय नया है मेरे लिए
इसलिए जवाब नहीं दे पाती हूँ
मेरे मन में ढेरों कहानियां हैं तुम्हें सुनाने को
लेकिन सुना नहीं पाती हूँ
मैं न जाने क्यों तुमसे मिलकर स्तब्ध सी रह जाती हूँ।।

46)

जो कभी हमसे इश्क़ लड़ाते थे
आज किसी और से मोहब्बत किया करते हैं
वो हमारे जिस्म को चखना चाहते थे
इसलिए हमें शक्कर से भी मीठा कहा करते थे
जो हमारी बातों को चिड़ियों की सुरीली आवाज़ से आंका करते थे
आज वही हमारे शब्दों का विरोध किया करते हैं
हमारी पलकें उठने को वो सुबह और झुकने को रात कहा करते थे
वो हमारी ज़ुल्फ़ों को मुक़म्मल रास्ते कहा करते थे
वो चूम लेते थे हमारे होंठों को जब तो उसे ख़ुदा की इबादत का दर्ज़ा दिया करते थे
वो हमारी हथेली पर अपना नाम लिखकर हमें ख़ुद की जागीर कहा करते थे
वो हमारे नूर को अल्लाह सा पाक कहा करते थे
हमारी इतराती चाल को वो समय का पहिया कहा करते थे
वो हमारी रंगीन चुनरियों को दरगाह की चादर कहा करते थे
वो अपनी रातें हमारी बातों में काट दिया करते थे
लेकिन वो हमसे इश्क़ करने के नाम पर धोखा किया करते थे
जिनको हम वादे समझते थे वो सिर्फ़ जिस्मानी सौदे हुआ करते थे
जिन्हें हम रूह में रखते थे सहेजकर वो हमको खिलौना समझा करते थे
वो हमारे जिस्म को चखने की ख़ातिर
हमें शक्कर से भी मीठा कहा करते थे
जो कभी हमसे इश्क़ लड़ाते थे
आज किसी और से मोहब्बत किया करते हैं।।

47)

ये उम्र बस अब गणित के चंद अंकों सी लगती है

तुम्हारे इश्क़ में पढ़ने के बाद ये दुनिया छोटी और समझदारी ज़्यादा बड़ी लगती है

मैंने अब सोच लिया है कि तुमसे इश्क़ करने के लिए मुझे बड़ा या तुम्हें छोटा होने की ज़रूरत नहीं है

क्योंकि प्रेम के भी बस में सिर्फ़ जन्म ले लेने का ज़ोर है

मृत होने के लिए उसके पास कोई बहाना नहीं होता है

क्योंकि उसके जन्म के बाद उसकी परवरिश दो प्रेमियों को सौंप दी जाती है

उसके बड़े होने तक का हर सफ़र, हर पल, दो लोगों की क़रीबी और मिलन पर निर्भर हो जाता है

हर मुलाक़ात, हर बात और इश्क़िया चुहल और छुअन के साथ ही उस प्रेम का आकार बदलता है

और बदलते-बदलते, बढ़ते-बढ़ते काली रात सी परिस्तिथियों के बीचोंबीच इश्क़ चाँद सा चमकता है

इसलिए तो ये उम्र और उसके बीच के छोटे-बड़े होने के फ़ासले अब मुझे सिर्फ़ और सिर्फ़ गणित के चंद अंक से लगते हैं।।

48)

आओ कहीं खिलवतों में एक हरीमे इश्क़ बनाएं
इस वर्तमान और अतीत से भरी दुनिया से कहीं दूर चले जाएं
सितारों की महफ़िल में बैठकर सपनों के हिस्से बांट लें
अधखुली आँखों से देख लें इश्क़ की सूरत
और उमंगों की भीड़ में थोड़ी जगह अपनी भी बनाएं
आओ रात के सन्नाटे में मौत को डराएं
ज़िन्दगी की बुझी हुई पहेलियों को मिलकर चिढ़ाएं
आओ गुज़री हुई रात और आने वाली सुबह के कुछ क़िस्से गढ़ जाएं
हम-तुम मिलकर खिलवतों में एक हरीमे इश्क़ बनाएं।।

49)

सुनो क्या तुमने उस लाल डिब्बे को देखा है कहीं

जो अभी कुछ सालों पहले इस नीम के पेड़ के नीचे रहा करता था

उसकी शक्ल सुर्ख़ लाल सी थी और बाल छोटे- छोटे काले से थे

मुझे देखते ही हर बार उसका मुंह खुला का खुला रह जाता था

सच कहूँ तो मेरे इंतज़ार को अपने मुक़ाम तक पहुंचाने में उसका बड़ा हाथ था

पर न जाने कहाँ चला गया है वो आज-कल

उसके रिश्तेदारों का भी कोई अता-पता नहीं चल पाया

ख़ाकी टोपी और वर्दी पहने कंधे पर झोला लटकाए साईकिल पर चलने वाले उसके दोस्त का भी कुछ पता नहीं है

जिसकी आवाज़ मेरे घर के आख़िरी कमरे तक आती थी और मैं बौराई सी आंगन की तरफ दौड़ लगा देती थी

लेकिन जब से ये सब ग़ायब हो गए हैं तब से मेरे इंतज़ार, मेरी बौराई सी दौड़ और चहकती हुई खुशी उस दहलीज़ पर ही सिमट कर रह गई हैं

मेरे काग़ज़, क़लम और दो पैसे की टिकट के साथ ब्याह रचा लेने वाले उस लिफ़ाफ़े का भी तलाक़ हो गया है शायद

पर मैं अब भी ढूंढ़ रही हूँ उन्हें गली-गली, शहर-शहर

और जब तक वो मिल नहीं जाते तब तक मैं अपनी पुरानी चिट्ठियों से ही काम चलाऊंगी

और एक दिन जब वो मिलेंगे न तो उनको कान पकड़कर ढेर सारी डांट सुनाऊंगी

और कहूंगी सुनो, इतने दिन कहां रहे

माना कि तुम्हारी पूछ-परख कम हो गई है
लेकिन फिर भी एक बार मेरे बारे में तो सोचा होता
या फिर सोच लिया होता कि किसी गाँव का एक छोटा सा घर है तुम्हारे इंतज़ार में

जो बहुत याद करता है तुमको...... ।।

50)

थोड़ी गुस्ताख़ी से भरा है उसके और मेरे बीच पलने वाला रिश्ता

मैं जताने से डरती हूँ

और वो हर बार सुनने के लिए तत्पर रहता है

आरज़ुओं का एक लकड़ी से भरा बक्सा

ख़तों पर इश्क़ के छींटे

और आँखों में झिलमिलाती चमक

तुम्हारा बार-बार एक ही प्रश्न पूछना

और मेरा इतराना

तुम पर रोब जमाना

ये सारे हक़ जताते हुए तुम्हें अपनी सांझ समझकर दिन और रात के एक होने तक के वक़्त को मैं अपनी झोली में भर लूंगी

तुम्हारे साथ ठहराव से भरे, उफ़ान मारते प्रेम का चित्र रंगने का अनुभव ही रूहानी ठंडक का एक तजुर्बा पैदा करता है

तुम्हें देखने भर से दिल को तसल्ली नहीं मिलती मुझे अब

तुमसे मिलकर हाथ पकड़कर घंटों वक़्त काटने का मन करता है मेरा

अपनी रचनाएं सुनाते हुए उन सारे शब्दों के मायने तुम्हारी आँखों में देखने का मन करता है

तुम्हारी तुम जैसी शैतानी आदतों को अपनी ओर खींच के घंटों गले लगाकर खड़े रहने का मन करता है

छोटी-छोटी खुशियों के रॉकेट बनाकर ऊंचे पहाड़ों के बीच उड़ाने का मन करता है

लंबी उड़ान के प्रयास में तुम्हारे पंखो का साथ चाहता है अब ये दिल इसलिए सुनो

अब लिखने का नही सिर्फ़ तुम्हें पढ़ने का मन करता है मेरा।।

51)

खाल की ओढ़नी पहने

एक सफ़ेद पाक रूह पीठ दिखाए कहीं दूर चली जा रही है

उसके कन्धे पर एक काला तिल है और उसके लंबे नरम पांव की एड़ियां लालिमा लिए हुए हैं

उसकी तेज़ चाल से साफ़ महसूस हो रहा है कि वो अपने इश्क़ का हिस्सा लेने के लिए चली जा रही है

मेरे आवाज़ देने पर इतराते हुए मुड़कर देखा भी था उसने

और जब पलकें उठाते हुए वह मुस्कुराई तो लगा मख़मली सफ़ेद चादर पर सलवटें पड़ रही हैं

भूरे रंग की नुकीली आँखों से मुझे ताड़कर ज़ोर से आवाज़ लगाकर कहा था उसने प्रेमी बनना चाहते हो तो भाग कर आ जाओ इस तरफ़

मैंने सुना है वहां पहाड़ी के पार इश्क़ का ख़ुदा सबके हिस्से का इश्क़ बांट रहा है

चले चलो मेरे साथ हो सकता है तुम्हें भी तुम्हारा हिस्सा मिल जाए

मैं उसकी बचकानी बातों पर बेबाक सा हँसा और वो मेरी हँसी का छल्ला बनाते हुए अपने रास्ते चल पड़ी

उसके सामने जो न बोल पाया उसके जाने के बाद मैं खुद से वही गुफ़्तगू कर बैठा

और उसके पांव से बनी छाप को अपने हाथ से सहलाते हुए

उसकी एड़ियों की दबिश से आकार बदलने वाली मिट्टी से बोल पड़ा

सुनो अपने हिस्से का इश्क़ मांगकर जब तुम वापस लौटोगी न तब भी मैं तुम्हें यहीं मिलूंगा

क्योंकि मेरे इश्क़ का हिस्सा तुम्हारी बातों में है

तुम्हारी मख़मली मुस्कान में है जिसे देखते ही मेरी सुकून वाली साँस मेरे भीतर पैदा हो जाती है

इसलिए सुनो तुम अपना हिस्सा लेकर लौट आना और लेट जाना इस ज़मीन पर जहां तुमने हड़बड़ाते हुए अपने पांव की छाप छोड़ी थी

फिर तुम्हारे जिस्म की जो बनावट उभर जाएगी न उसमें

मैं उसमें से ही अपना सारा हिस्सा हासिल कर लूंगा

और तुम्हारे कंधे के तिल की आभा में अपना एक छोटा सा इश्क़ बसा लूँगा।।

52)

सुलगती रात में दिन जल गया

मिट्टी का ब्याह बरसात से हुआ

और उन दोनों प्रेमी की परछाइयों में

अपने अस्तित्व की एक मूर्ति गड़ गई

बस उस दिन से ही मुझे घड़ी की टिक-टिक में,

आंगन के पांचवें कोने में अपनी कहानी की दहलीज़ बनती दिखने लगी

ज़िंदगी की बुनावट उस कसे हुए कपड़े सी गई जिसको पहनने की कोशिश में साँस लेने में तकलीफ़ होती है

अंधेरे से इश्क़ होने लगा और रोशनी से परहेज़

मैं चाल के बदलावों में वक़्त की संज्ञा ढूंढ़ने लगी

चाय बनाने के तरीके में मैं अतीत की बातों का निष्कर्ष निकालने लगी

उगते सूरज में फिर शुरुआत के होने का अंश टटोलने लगी

मैं अपनी छत वाली दीवार से गुफ़्तगू की दरकार करने लगी

तुमसे मिलने के पहले और तुमसे मिलने के बाद होने वाले बदलावों को इंतज़ार की छलनी से छानने की कोशिश में

मैं अब सुलगती रात में दिन को काग़ज़ के टुकड़ों की तरह जलाने में व्यस्त रहती हूँ।।

53)

हरे खेतों में केसरिया रंग की कुर्ती पहने दूर से अंधाधुंध दौड़ लगाती हुई जब वो मुझसे आकर लिपट जाती है

तो गेंदे सी तीखी महक़ लिए हुए महकती है

उसकी आँखों की ओस की बूँदें मेरी छाती को गीला कर देती हैं

और हल्की करुणामय आवाज़ में

शिक़ायतों का गुल्लक थमाते हुए वो बोलती है

बहुत देर कर देते हो हर बार तुम आने में

ढेर सारी कमियां हैं तुममें फिर भी इश्क़ को मद्देनज़र रखते हुए मैं माफ़ कर देती हूँ तुम्हें

मेरे ख़तों का जवाब भेजने में भी कई दिन लग जाते हैं तुम्हें........

इसलिए मैं तुम्हारी सारी चिट्ठियां पढ़कर उनकी कश्तियां बना देती हूँ आज-कल

और उन कश्तियों को यादों के दरिया में छोड़ देती हूँ

तुम्हारी चिट्ठियों पर तुम्हारी पेशानी से गिरा हुआ पसीना

उल्फ़त-ए-सफ़ीना बनकर तैरता है मेरे यादों के दरिया में

फिर ढेर सारी शिक़ायतों का पुलिंदा बांधते हुए वह हल्का सा मुस्कुराती है

और अपनी चुन्नी में बंधे तावीज़ को निकालकर मुझे देते हुई बोलती है कि बड़े ही जाने-माने पीर साहब का तावीज़ है

तुम्हारी जान की हिफ़ाज़त करेगा ये

मैं उसके हाथों से तावीज़ लेकर उसके ही गले में डाल देता हूँ

और उसके हर तोबा पर बड़ी ही आहिस्तगी से जवाब देता हूँ

कि मेरी जान तो तुममें बसती है इसलिए गर तुम महफ़ूज़ रहोगी तो मेरी जान क़यामत में भी नज़ाकत से निकलेगी

वो हल्का सा शरमाती और फिर मुझसे लिपटकर मुद्दतों के लिए मेरे जिस्म में अपनी रूह का घरौंदा बना जाती है।।

54)

कभी रहा करती थी मैं जिस घर में
उस घर से कुछ दूरी पर ही मेरा नया घर है अब
बड़ा ही आलीशान सा है यहां सब कुछ
लेकिन मुझे अब भी बहुत याद आती है अपने छोटे घर की
जिसमें सिर्फ़ एक ही कमरा था
जो शुरू होने के पहले ही अंत कर देता था स्वयं का
पर उस बड़े और गहरे कमरे में था
हमारी ढेर सारी यादों का ख़ज़ाना
तुम्हारी मेरी बातों की गूंज
हमारी परछाइयां खुद को देखने के लिए अब भी शायद रोशनी ढूंढ़ती होंगी उस घर में
बाहर से फ़ीके रंग का हो गया है ये अब
लेकिन भीतर की दीवारों पर इश्क़ की सीलन जम रही होगी जो घर के आंतरिक रंगों में तीखापन लाती होगी
एक अजीब सी महक़ घर के अंदर से आँगन तक दौड़ी चली आती है अब भी
मोहल्ले के लोग जब भी मिलते हैं यही कहते हैं
हमारे जाने के बाद उसी कमरे में भूरी वाली बिल्ली ने अपने बच्चों को जन्म दिया है
जहां जन्मा था हमारा पाक सफ़ेद इश्क़
उस बिल्ली को भी बहुत खास और महफ़ूज़ लगा होगा हमारा वो चारदीवारी वाला कमरा

जाले लग गए होंगे वहां और धूल ने भी पांव पसार लिए होंगे अपने
कुछ हवा के झोंकों से जगह-जगह पत्ते भी नींद ले रहे होंगे
जानते हो वो जो अमरूद का पेड़ था न
वो सूख गया है, वहां अब गिद्ध आकर बैठने लगे हैं
रास्ते बंजर से हो गए हैं रवानगी नहीं है अब उनमें
और हमारी गली के चाय वाले की चाय में भी अब वो स्वाद नहीं बचा है
जो चिड़िया चहचहाती थी वो अब चीखने लगी है
हमारे तबादले ने इश्क़ का तबादला कर दिया था
हम दोनों के उस कमरे में बचा है अब यादों का गोशा
जिसे चट कर रही हैं सन्नाटे की दीमकें और धोखा खाए प्रेमियों का जोड़ा
सब बदला है हमारे घर बदलने से लेकिन
हमारे बीच का इश्क़ नहीं बदला वो अब भी एक अबोध बालक के समान इश्क़ की शिक्षा लेने में लीन है।।

55)

मेरी हथेली की सुलझी लकीरों से जब तुम्हारी उलझी हुई लकीरें मिलती हैं तो इश्क़ की एक चादर बुनती हैं

और उस वक़्त होंठ निशब्द हो जाते हैं

पलकों को झपकने तक की मोहलत नहीं मिलती तब

रूह की खुशबू में इज़ाफा हो उठता है और वो फैलाने लगती है अपने पांव तुम्हारे लिबासों पे

अदला-बदली हो जाती है हमारे बीच एक छोटी सी महक़ की

तुम्हारा खारे पसीने से लबरेज़ शरीर मिठास छोड़ने लगता है

और मेरे जिस्म पर पैदा करने लगता है तुम्हारे किरदार के स्पर्श को

मैं मनन में लग जाती हूँ फिर

सोचने लगती हूँ ढेर सारे सपनों को हक़ीक़त में बदलने की

तुम्हारे गुण मुझमें घर बसाने लगते हैं

तुम्हारा दिया हुआ हर बोसा मेरे शरीर की रंगत को बदल डालता है

और फिर मैं सूरज की आभा सी चमकती हूँ

चांदनी सी शरमाती भी हूँ

मेरे रूप-रंग और अस्तित्व फिर तुमसे सुसज्जित हो जाते हैं

नया नाम जुड़ जाता है मेरे नाम के साथ

और मैं वक़्त-ए-बेहिसाब के लिए सिर्फ़ और सिर्फ़ तुम्हारे सांचे में ढल जाती हूँ

और फिर मेरा शुरू से आख़िर तक चलने वाला क़िस्सा उस काग़ज़ के हिस्से में बदल जाता है

जो तुम्हारी महसूसगी का अहसास होने पर मुझे अपने परिचयपत्र की पहली पंक्ति जैसा लगता है।।

56)

आजकल अक्सर तुम मेरे ख़्वाबों में आती हो

और तुम्हें अपनी आँखो में क़ैद देखकर दुनिया के दुखों से पीड़ित मेरी हर साँस में इश्क़ भर जाता है

मैं खुद में कुछ नया सा महसूस करने लगता हूँ

अपनी आँखों पर पड़े धूल से लिपटे हुए उन पुराने परदों को हटाकर महताब के झरोखे से तुमको चुपके-चुपके ताकने लगता हूँ

दुनिया की ज़ुबान से परे किसी और ही भाषा में मेरी आँखे बोलने लगती हैं

और फिर रात का हाथ पकड़कर मैं तुम्हारे साथ बादलों की गोद में जा बैठता हूँ

एक सुलझी हुई इश्क़िया डोर को अपनी उंगलियो में उलझाकर तुम्हारे साथ फिर से सुलझाने लगता हूँ

मैं तुम्हारे इज़हारों पर पहेलियां बनाने लगता हूँ

और मेरी इन्हीं चुहलों से जब तुम नाराज़ हो जाती हो न

तो मैं कविताएं लिखकर तुम्हें मनाने लगता हूँ

जानती हो तुम्हारा नाराज़ हो जाना मुझे ये बतला देता है कि मुझमें मनाने का हुनर अब भी नहीं है

मै अब भी अल्हड़ सा हूँ

वैसे तुम्हें सपने में या हक़ीक़त में जब भी देखता हूँ न

तो देखता ही रह जाता हूँ

लोग इसे मेरी गुस्ताख़ियां कह सकते हैं

लेकिन तुम्हारे इस उगते सूर्य की लालिमा से सुसज्जित चेहरे को ताकते रहने की कोई भी सज़ा मुझे मंज़ूर है

तुम्हारी हर अदा से मुनसलिक है मेरा सपना
हर चैन और प्रतीक्षा का समाधान है इसमें
मंदिर की चौखट से लेकर हर मस्ज़िद की अज़ान है इसमें
ग़म की लहरों से उभरता खुशियों का उफाल है इसमें
प्रेमियों की शामें और प्रेमिकाओं की रातों का श्रृंगार है इसमें
हर मर्ज़ का मरहम-ए-नक़्श है इसमें
मेरे हर सवालों का उत्तर है इसमें
सुनो इन सब सपनों में तुम हो न इसलिए मेरी ज़िंदगी का मुकाम है इसमें।।

57)

अपरिचित रिश्तों में एक परिचित हिस्सा हो तुम
तुमसे मिलना यानी यात्राओं का मुकाम तक पहुंच जाना
स्त्री को बख़ूबी तराशा है तुमने अपनी समझदारियों से
तुम जानते हो कि मिट्टी की मूरतों में जान कैसे फूंकी जाती है
मातृत्व के आंगन में खेलना और अपनी ही परछाइयों को पकड़ना
यही तो सबसे खूबसूरत खेलों में से एक है तुम्हारे लिए
तुम दुनिया की हर धारा से उपजने वाले पौधे से अलग ही हो
तुम नफ़रत के बीजों के बीच में खुशी की जड़ हो
साधारण स्वभाव और बातूनी हरकतें तुम्हें छोटे बच्चों वाली आकृति में पिरो देती हैं
तुम्हारी उपस्थिति किसी भी जगह तुम्हें अलग और हीरे सा बना देती है
इसलिए सुनो, काया भले बदल डालना पर रूह तब भी ऐसी ही रखना
जिससे कादम्बरी की तरह मैं भी तुम्हें पहचान लूँ
इस नई-नवेली दुनिया में एक तुम्हारी और मेरी रूह ही पुरानी होनी चाहिए समझे।।

58)

गंगा घाट की आरती और तुम्हारे झुमके की खनक
तुम्हारी बिंदिया और रेत के बारीक-बारीक कण
तुम्हारे दुपट्टे की लहर और नदियों की चाल
तुम्हारे होठों की लाली और बनारसी मीठा पान
मेरी नौका की फुर्ती और तुम्हारी खिलखिलाती हंसी
मंदिर का शंखनाद और तुम्हारी पायल
मेरा बनारस तो तुममें ही बसता है
तुम्हारी डोली के साथ मेरी अर्थी उठ गई
दोनों को ही स्वर्ग नसीब होगा अब
गंगा से निकलकर गंगा में ही समा जाएंगे
जात-पात से परे होकर हम-तुम फिर मिल जाएंगे
इस बार विफल हुआ तो क्या हम तुमसे फिर प्रेम करने के लिए इस धरती पर आएंगे।।

59)

आज प्रेम-प्रलय उठा है मेरे जीवन में
स्वर्णिम लहरें मन में उफान भर रही हैं
घायल परिंदे की तरह तड़प है मेरे अंदर तुमसे मिलने की
तुम्हें एक बार निहार लेना चाहती हूँ मैं
चाहती हूँ खेलना तुम्हारे संग आँख लड़ाने वाला खेल
और कहना चाहती हूँ अपने दिल की हर बात आंखों से
कभी इन्हें झपका के, कभी पलकें उठा के, तो कभी मूंदकर
जीना चाहती हूँ मैं कुछ पल तुम्हारे साथ तुम्हारे ढंग से
एक बार चुरा लेना चाहती हूँ तुम्हारी अदा की तलवार को
सुनो तुम जानते हो क्या, तुम्हारा ये जो सावला रंग है न, दमकते सोने सा है
इस रंग को कभी खोने मत देना
अपनी अदायगी, बचपना और तिरछी मुस्कुराहट बरकरार रखना हर दम
और सुनो इतनी तारीफ़ें सुनकर भूल मत जाना कि कोई प्रतीक्षा में है तुम्हारी
और उस प्रतीक्षा का समाधान है मेरे एकांत जंगल वाले सपनों में
जहां गहरी नींद में ख़ामोशी का जादू होता है
और होता है तुम्हारे मेरे प्यार का मौन भरा संगीत.... ।।

60)

सुनो

जब-जब अपनी खाली किताब में तुम्हारे नाम का पहला अक्षर लिखता हूँ न

तो इश्क़िया बुलबुले तमन्नाओं का सैलाब लाते हैं

और उस किताब के खाली पन्ने पर उभर जाती हैं मेरी सारी ख़्वाहिशें

ढेर सारे ख़त आने लगते हैं मेरे पते पर

फिर इश्क़ चरम सीमा को पार कर जाता है

और मैं पंछी बन के रंग बिखेरने लगती हूँ

मेरे अल्फ़ाज़ों की आवाज़ चुप्पी साध लेती है

सांसों के शब्द बोलना शुरू कर देते हैं

और फिर मन्नतों के धागे खुद-ब-खुद खुल जाते हैं

उस अज़ान की आवाज़ में मेरे इश्क़ की दुआ क़बूल हो जाती है

और क़ैद पंछियों का झुंड आज़ाद होकर उस कोरे आसमान पर हमारी कहानी लिख देते हैं

वो कहानी जो तुम्हारे नाम के पहले अक्षर से मैंने लिखनी शुरू की थी।।

61)

जब उसकी ठंडी हथेली पर मैंने अपने कुनकुने हाथों को सौंपा था
तब इश्क़ बर्फ सा पिघल गया था
और हम दोनों के हाथों से जन्मा था एक नया अदबी चलन
इश्क़िया पन्ने आसमान में उड़ गए थे
और कोरी चुनरियों पर सज चुकी थी प्रेम की आत्मा
कशीदाकारी से भर गए थे दो बदन
इश्क़ की मिट्टी से कुछ इस तरह तराशा था हमने एक दूजे को
कि बोलती सूरत इश्क़िया मूरत में बदल गई थी
हमारी ठंडी गरम सी उंगलियां कुछ इस तरह उलझी थीं
कि मैं और वो इश्क़ के जाल को अब भी सुलझा रहे हैं।।

62)

मेरा पहला इश्क़ चिट्ठियों से पनपा था
मेरा रोज़ की तरह स्कूल से निकलना और
मेरी एक झलक पाने के लिए उसका रोज़ इंतज़ार करना
एक दिन आ खड़ा हुआ मेरे सामने हाथ में काग़ज़ का टुकड़ा लिए
मैंने उसकी तरफ देखा उसके हाथ से काग़ज़ लिया और दौड़ पड़ी अंधाधुंध घर की ओर हंसता हुआ मुखड़ा लिए
घर पहुचते ही बस्ता फेंका और घर के सबसे पीछे वाले कमरे में जाकर पढ़ने लगी उसके प्रेम के इज़हार को
बड़े ही खूबसूरत वादे किए थे उसने उस ख़त में
अब स्कूल में भी मैं छुट्टी की घंटी बजने का इंतज़ार करती थी
उसकी चिट्ठियों में लिखे शब्दों से मैं बहुत प्यार करती थी
याद है मुझे अब भी उसका बुलबुल के हाथों संतरे की गोली भेजना
लेकिन सबके सामने नीम-निबोली कहा करता था
वो अपनी साईकिल से चुपके-चुपके रोज़ मुझे घुमाया करता था
मेरे घर के सामने आकर साईकिल की घंटी बजाया करता था
और मेरे बाबा की आवाज़ सुनकर भाग जाया करता था
मैं हर बार नदी के किनारे रेत से एक घर बनाया करती थी
उसमें अपनी गुड़िया और उसके गुड्डे का ब्याह रचाया करती थी
मैं रेत पर बने उसके पैरों के निशान पर पैर रख के चलती थी
मैं उसके साथ छुपन-छुपाई खेलती और टायर को घुमाती
सीपियां भी बटोरती थी ख़ूब
और अपनी पीठ से उसकी पीठ मिलाकर बैठ जाया करती थी

मैं पानी में शैम्पू डालकर बुलबुले बनाती
और उसके साथ एक पल रहकर पूरी ज़िन्दगी जीने का अनुभव कर लेती
लेकिन एक दिन न जाने क्या हुआ
बाबा ने परदेस भेज दिया
मेरे देसी भेष को विदेशी परम्परा को बेच दिया
परदेस जाकर कई सालों मैंने उसकी चिट्ठियों का इंतज़ार किया
अधूरा नहीं मैंने उससे पूरा प्यार किया।।

63)

कुछ सफ़र सिफ़र से शुरू होते हैं

और ज़िन्दगी भर के लिए चुहल और छुअन का अहसास दे जाते हैं

भीतर में जो खाली पन्ने दबे होते हैं उनको अपनी पहचान दे जाते हैं

उसी तरह तुम भी एक अनंत सफ़र हो मेरे लिए

एक ऐसा सफ़र जिसमें चुहल, छुअन, अहसास, महसूसगी, मासूमियत, अल्हड़पन, नाराज़गी, थोड़ा गुस्सा और कुछ गुस्ताख़ियां भरी पड़ी हैं

और मैं इन सबसे धागे के छोर की तरह बंधती जा रही हूँ

मैं बहुत क़रीब आना चाहती हूँ तुम्हारे, पर जाने किस बात से डरती जा रही हूँ

मैं बहुत कुछ बोलना चाहती हूँ पर कुछ है ऐसा जो मुझे रोक लेता है

जानते हो जब पहली बार देखा था तुम्हें, लगा था जैसे मेरी लिखी सारी रचनाएं मुकम्मल हो गई हैं

तुमसे मिलने के बाद मुझे शब्दों को ढूंढ़ना नहीं पड़ता था

बल्कि उसके बाद हर बार कविता ख़ुद को मुझसे स्वयं ही लिखवा लेती थी

पता है मैं हर बात अधूरी क्यों बोलती हूँ

इसलिए नहीं कि तुम्हें आशंका में डालना चाहती हूँ

बल्कि इसलिए कि उस अधूरी बात को तुम पूरा करो

तुम सारी बातें सीधे तौर पर बोल देते हो न

पर मेरे साथ उल्टा है मैं सीधे-सीधे नहीं बोल पाती

और इसलिए मानती हूं कि हम दोनों के बीच एक खामी है

कि तुम मेरी बातों को सीधा-सीधा सुनकर उल्टा-उल्टा समझना शुरू कर दो

फिर जान जाओगे कि मेरे कितने 'ना' में बहुत से 'हाँ' छुपे हुए थे

मै इसलिए नहीं इतराती हूँ कि ये सब कर के तुमको चिढ़ाना चाहती हूँ

बल्कि इसलिए कि तुम्हारे इश्क़िया ताने सुनना मुझे बहुत पसंद है

मैं जानबूझ कर तुम्हारे क़रीब आकर तुमसे दूर हो जाती हूँ

क्योंकि डरती हूँ कहीं इस अनंत सफ़र में कहीं कोई ठहराव न आ जाए

या मैं ही चलते-चलते रुक न जाऊं

सुनो मैं दूसरों सी नहीं हूँ ऐसा मैं मानती हूँ

लेकिन मेरा मानना तब मेरे लिए मुकम्मल कहलाएगा जब तुम भी ये मानने लगो कि मैं दुनिया से अलग हूँ

और मैं ये भी जानती हूँ कि ये सब पढ़कर तुम इस कविता को महज़ चंद शब्द ही कहोगे

लेकिन ये चंद शब्द ही हैं जिनके सहारे तुमको भुलाना मुश्किल है

और इसलिए काल्पनिकता में ही सही तुम मेरी ख़्वाहिशों की गुल्लक के मालिक बन गए हो।।

64)

कविताएँ मैं लिखती हूँ
और उसमें दिखते हो तुम
क्योंकि तुममें मैं हूँ और मुझमें तुम
ठीक उस रेत-नदी सा रिश्ता है तुम्हारा और मेरा
जो बार-बार एक दूसरे से टकराकर फिर अलग हो जाते हैं
जिनके नसीब में मिलना तो लिखा है पर कुछ पल के लिए
शायद हमारा मिलन भी कुछ ऐसा ही है एक दूसरे से टकराकर
अलग हो जाने जैसा

थोड़ा आधा तो थोड़ा पूरा सा....... ॥

65)

सुनो

प्रेम करना नहीं आता है मुझे

और न ही ढंग से लिख पाती हूँ कि तुमसे कितना प्रेम है मुझे

तुम्हारी उन पलकों से ये भी नहीं कह पाती कि बार-बार झपको मत

नज़रें लड़ानी हैं मुझे कुछ देर

तुम्हारे वो धीमे-धीमे बातें करने वाले होंठों से भी प्रेम है मुझे

तुम्हारी हर एक चीज़ से प्रेम है

जानते हो न मैं चाहती हूँ कि अगली बार जब हम मिलें तो ठंड का मौसम हो

क्योंकि मैं तुम्हारे लिए चाय बनाना चाहती हूँ एक बार

हल्के कुनकुने तेल से तुम्हारे सिर की मालिश करना चाहती हूँ

मैं अपने कमरे की उस खाली दीवार को तुम्हारे साथ मिलकर गोदना चाहती हूँ

फ्रिज के गेट को बार-बार खोलने पर तुम्हारे मुंह से भी माँ जैसी टोक सुनना चाहती हूँ

मैं घंटों तुम्हारे साथ उस सफेद संगमरमरी फर्श पर पड़ी रहना चाहती हूँ

जिस पर रोज़ औंधी लेटकर मैं प्रेम कहानियों की क़िताबें पढ़ती हूँ

और वो कहानियां सुनाता है ये संगमरमर, ये खाली दीवारें और वो खिड़की जिसे अर्से से नहीं खोला मैने

इसलिए नहीं कि धूल अंदर आ जाएगी खिड़की से बल्कि इसलिए कि खिड़कियों से बाहर झांकना मुझमें इंतज़ार पैदा करने लगता है

तुम्हारे आने का इंतजार

सुनो जब आओगे न तो मैं तुम्हें सबसे पहले अपनी टेबल, कुर्सी और काग़ज़ों के उस बंडल से मिलवाऊंगी जिनके साथ मेरा पूरा दिन कटता है

उन क़लमों से भी रुबरू करवाऊंगी जो तुम्हारे लिए लिखती रही हैं हर बार

देखो मैं कोई अमृता, साहिर या इमरोज़ सा महान प्रेम नहीं करना चाहती

क्योंकि महानता में तो प्रेम ही ख़त्म हो जाता है

बचता है तो सिर्फ़ वाहवाही का क़िस्सा और प्रेम की मिसालें

मैं तुमसे साधारण सा प्रेम करना चाहती हूँ

छोटी-छोटी बातों में बड़े से इश्क़ का आनंद लेना चाहती हूँ

मैं बहुत कुछ लिखना चाहती हूँ प्रेम पर

लेकिन सुनो

प्रेम करना नहीं आता है मुझे

और न ही ढंग से लिख पाती हूँ इसे।।

66)

तेरी आदत सी हो गई है मुझे
तू मुझे कविता सा पढ़ता है
मै कहानी सा पढ़ना चाहती हूँ तुझे
जो तू पन्नों पे लिखता है महसूस कर पाती हूँ मैं उसे
तेरे शब्दों की अदायगी भी लाज़वाब है
बिल्कुल तेरी तरह ही ये आज़ाद है
इनको पढ़ के लगता है कि शब्दों के समुद्र का साहिल है तू
तू है तो ये है, तू ना होता तो शायद इनका कोई अंत न होता
न होता इनका कोई ठौर-ठिकाना
अल्फ़ाज़ों की लहरें तुझसे टकराकर अपना प्रेम जताती हैं
जब-जब लिखता है तू तो शायद ये तेरी क़लम में भर जाती हैं
लगता है तू शब्दों से बना है
और ये शब्द हैं तेरे शरीर के हिस्से की तरह
तू साहिल है अल्फाज़ों की लहरों का, नहीं रही ये बात अब क़िस्सों की तरह ।।

67)

मैं शब्दों को निराश नहीं करती

जब भी आते हैं मेरे दरवाज़े तो दे देती हूँ इनको पनाह अपने काग़ज़ों में

फिर कर जाते हैं ये प्रवेश मेरे दिल, दिमाग़ और मन में

और सुनने लगते हैं अपनी जीवनी

कि कैसे, कहां और कब जन्म हुआ उनका

कौन-कौन उनके दोस्त हैं

जन्म से ले के अब तक हर दिन हमेशा तलाश में गुज़रे

एक लेखक की सराय की तलाश में

और हर बार कुछ दिनों का कहकर बस जाते हैं जीवन भर के लिए उन सबके घरों में

कर देते हैं विवश मन, दिमाग़ और दिल को लिखने के लिए

झिंझोड़ देते हैं आत्मा को और करा लेते हैं खुद का उपयोग

उस किताब घर के एक काग़ज़ी कमरे में पल रही एक रचना में

जहां एक काग़ज़ हल्की रोशनी वाले लैम्प के तले बैठा है क़लम के साथ

और बता रहा है अपने अकेलेपन की कहानी

कि कैसे उसे उसकी बिरादरी वालों ने निकाल दिया

सिर्फ़ उसके कोरे होने के कारण

छुप के दास्तां सुन रहे शब्दों ने कर लिया उसकी मदद करने का फ़ैसला

और इस फ़ैसले ने बदल दी लाखों की दुनिया

पता है ये बनावटी अच्छे-बुरे प्यार और नम्रता भरी नफ़रत और गुस्से से लिपटे हुए मुसाफ़िर शब्दों का जत्था अब हरदम मेरे साथ ही रहता है ।।

68)

सुबह हो गई
मैं जाग गई थी
पर प्यार अब तक सो रहा था
कमबख़्त रात भर जागा जो था उसकी याद में
अकेला हो गया था वो भी मेरी तरह तुम्हारे जाने के बाद
एक पल के लिए तो लगा कि चीखकर उसे उठाऊं और बोल दूं
कि इस विलाप और दुख से बाहर निकलो
देखो वो जा चुका कितनी बार समझाऊं मैं तुम्हें
अकेले ही रहना है अब हमें
मिलकर इस बेरंग ज़िन्दगी में फिर से रंग भरना है
पर कम है समय
चल अब उठ जा और चेहरे पर ला मीठी सी मुस्कान
फिर बना ले एक नया घरौंदा अपना
और फूंक उसमें मोहब्बत की जान
दिखा दे सबको कि तू हारा नहीं है
हारा तो वो है जिसने तुझे खो दिया
एक नासमझ के नाम का तूने प्रेम बीज क्यों बो दिया
मैं जानती हूँ ये सब बहुत आसान नहीं है
पर फिर भी तुम्हें उभरना होगा इन सब बातों से
जीना होगा फिर से क्योंकि तुम नहीं तो मैं भी नहीं
तुम जानते हो न कि मेरी सांसें प्रेम से ही चलती हैं

अगर तुम ही जीना छोड़ दोगे तो ये सांसे भी मृत हो जाएंगी
फिर मेरी लिखी उन कविताओं का क्या होगा जो मैं उसके लिए लिखती रही
शायद मेरे जाने के बाद वो भी बेजान कहलाएंगी
क्योंकि उनमें भी तो स्याही बनके तुम ही भरे थे ।।

69)

एक सांवला सा लड़का है
जिसकी आँखे तीर सी तेज़ और समुद्र के खारे पानी से भरी हुई हैं
जो पंखुड़ियों से भी कोमल है
सागर से भी गहरा और निराकार है
वो मुझसा है मै उस जैसी हूँ
वो मेरी कहानी है जिसे लिखना और पढ़ना सिर्फ़ मैं ही जानती हूँ
वो मेरी ज़िन्दगी की शाम है
जिसके बिना मेरा जीना, जीना नहीं हो सकता।।

70)

बचपन शायद लिखना मुश्किल है
क्योंकि वो कैसा था, क्यों था ये मैं नहीं जानती
पर जब भी बचपन का ज़िक्र आता है तो लगता है
कि शायद मासूमियत, शैतानी और सच्चाई से ही भरा हुआ होगा
हाँ, मैं शुरू से उल्टा सोचती थी
माँ कहती थीं कि तुम उल्टी पैदा हुई थीं क्या
या भगवान ने कुछ ज़्यादा ही अक़्ल दे दी है
मुझे शुरू से ही शोर से डर लगता था तो मैं खिलौनों से दूर रहा करती थी
हर बार जब बचपन लिखती हूँ तो लगता है कि अपने फीके से बचपन में कुछ झूठ की मिठास भर दूँ
और सबकी तरह लिख दूँ कि बचपन में माँ के आँचल से छुपन-छुपाई खेलना मेरा सबसे पसंदीदा खेल था
मैं भी बरसात के मौसम में काग़ज़ की नाव बनाया करती थी और गर्मियों में बर्फ़ के गोले, मिट्टी के टीले, झाग से बुलबुले बनाना और बहुत कुछ
पर ये लिख भी देती तो शायद झूठ ही होता
एक मासूमियत से भरा झूठ जिसे शायद मैं झुठला नहीं सकती थी
पर हां, अब मैं बड़ी हो गई हूँ और महसूस करती हूं कि बचपन भले ही न जी पाई हूं मैं
पर वह मुझमें अब भी जी रहा है
और कभी-कभी वो आतुर सा हो जाता है
जिसे मैं चाह के भी रोक नहीं पाती... ।।

71)

मुझे मेरे लिबास से न आँको

इन लिबासों से ढके उस दिल के अंदर भी तो कभी झांको

जो तुम्हें देखते ही तेज़ धड़कने लगता है और करने लगता है तुम्हें सलाम

इस रूह को देखो जो तुमको देखते ही श्रृंगार करने लगती है

इन सांसों की गरमाहट को महसूस करो जो महकने लगती हैं

और ये आँखे, ये तो हमेशा ही झपक-झपक के कुछ बोलती हैं

पर हर बार तुम सुनते ही नहीं हो

तुम्हारी सोच तो सिर्फ़ यही है कि शब्दों से बयां करना ही सब होता है

लेकिन क्या तुम जानते हो तुमको देखने के बाद

मेरी रूह इतना बोलती है कि ज़बान से शब्द होंठो को छूते ही नहीं

लबों पे आकर रुकी बातें फुर्र सी उड़ जाती हैं तुम्हें देखते ही

और इस परिस्थिति में मैं बताने के बजाए तुम्हें जताने लगती हूँ

तुम्हारे प्रति मेरे प्रेम की अवस्था।।

72)

वक़्त शायद सब बदल देता है
मेरी किताब में एक पूर्णविराम और लग गया
लेकिन मेरी किताब का अंत अब तक नहीं हुआ
बल्कि अब इस किताब के पन्ने बेशुमार बढ़ते ही जा रहे हैं
मेरी कहानी की यात्राएं जारी हैं
पर मुझे लगता है कि इनमें अब भी किसी चीज़ की कमी है
शायद तुम्हारी...
या फिर तुम्हारे इन कहानियों में हो के भी न होने के अहसास की
क्योंकि तुमसे मिलने के पहले भी मैं लिखा करती थी
पर मेरी लिखाई तब बेजान सी थी
इसमें जान पनपाने वाले तो तुम ही थे
लेकिन लगता है कि तुम्हारे जाने के बाद अब इस क़िताब को
मुझे फिर शुरुआत से अपनी कल्पनाओं के सहारे लिखना होगा
पर अब ये कल्पनाएं भी तुम्हारा लिबास पहने हुए होंगी
और अब मेरी क़िताब की सारी दास्तानें तुम जैसी ही होंगी
सुनो तुम्हें भूलना थोड़ा मुश्किल सा होगा लड़के
लेकिन शुक्रिया मेरी ज़िन्दगी की क़िताब में कुछ पन्ने अपने नाम के भरने के लिए ।।

73)

कल रात एक सपना आया

कि मैं चिड़िया बन गई हूँ

खुले आसमान में बेबाक सी उड़ गई हूँ

मेरे सुनहरे पंख सूरज की हल्की रोशनी में और भी खूबसूरत लग रहे थे

मेरी छोटी सी चोंच बटोर रही थी हमारे घरौंदे के लिए तिनके

जिस पेड़ पर मैं बैठी थी उसमें ढेर सारे फूल थे पर न जाने क्या नाम थे उनके

फिर मैंने भरी बहुत लंबी उड़ान

जो कर सकती थी मुझे गुमनाम

पर मैं डरी नहीं और उड़ती रही लगातार

याद किया तुमको भी हर बार

कि काश तुम भी होते साथ, और मैं अपने पंखों से तुम्हारे पंख मिलाकर चलती

खो जाती आसमान में और ओढ़ लेती बादलों का नीला दुपट्टा

सजा लेती मैं भी खुद को इंद्रधनुष से और बिता देती सारा जीवन तुम्हारे साथ

पर एक टोक ने ये सब तोड़ दिया और मैं जागकर वापस शोर भरी दुनिया में आ गई

रंगों से मिलने के बाद फिर बेरंगी छा गई ।।

74)

किनारे से किनारे तक एक कहानी पैदा होती है
और उस कहानी का शीर्षक होता है साहिल
पर ये साहिल सच में किनारे सा अंत लिए नहीं बैठा होता है
बल्कि ये तो भरा होता है अनंत सागर की लहरों से
रेत के छोट-छोटे टीलेनुमा शब्दों से
संसार के घोर अंधेरे में प्रेम का सुनहरा घर बसाए हुए होता है ये
वर्तमान की मिठास में डूबा, भविष्य के सपने देखता हुआ
दिल में तूफ़ान भरे
ढेर सारे ख़तों की पोटली अपने कंधे पर टांगे
उत्साह में घुली सोच और उत्सुकता से भरे प्रश्न लिए
तितलियों के पीछे भागते बच्चे जैसी चाल लिए
प्रेम के कारवाँ को लेकर चलता है वो लड़का
आज़ाद लोगों के दल का राजा है वो
मुश्क़ सी खुशबू बिखेरते हुए
दिलों के काबे में बे-आवाज़ गीतों को भरे
बातें करने का एक अपना अंदाज़ लेकर
मुस्कान का आरंभ करते हुए
अपनी धुन में खोया हुआ वो चलता ही रहता है
वो साहिल हो के भी कभी ठहरता ही नहीं है......
इसलिए तो वो आज का साहिल है.... ।।

75)

अब तो सिर्फ़ शरीर जवान रह गया है
दिल और आत्मा तो तुम्हारे इंतज़ार में कबके बुढ़ा गए
अब न तो तुमसे मुलाकात होती है और न ही बात होती है
मैंने अब तुम पर लिखना भी छोड़ दिया है
मेरा इंतज़ार बुलाता रहा तुम्हें
और तुमने किसी और से नाता जोड़ लिया
ये सब जान के दुख हुआ था बहुत मुझे
चाहा था मैंने कि टूट के बिखर जाऊं
अपने प्यार की मौत का मातम मनाऊं
सोचा था एक बार फिर से तुम्हें आवाज़ लगाऊं
तुम्हारे नाम को चिल्ला-चिल्ला के तुम्हें फिर से बुलाऊं
पर मेरा हर प्रयास निरर्थक था अब
क्योंकि मैंने तुम्हारे इज़हार को मज़ाक समझा था तब
देख के भी अनदेखा किया था सब
मुझसे प्यार किया था तुमने जब
अब तो खुद के साथ-साथ अपनी क़लम को भी संभालना पड़ेगा
तुम्हारे बारे में पूछे गए हर प्रश्न को टालना पड़ेगा
समझाना पड़ेगा उसको कि भूल जाए तुम्हें
अब छोड़ दे तुम्हारे नाम की स्याही से सांसे लेना
कुछ पल के लिए सीख ले बिना स्याही, शब्दों और काग़ज़ के रहना
जान ले के जो मेरा न हुआ वो तेरा कैसे होगा

जो भी हुआ अब तक, मान ले वो सब सपना था
समझा ले दिल को कि उस सोच में एक गुमनाम सा मज़ा था
जो रातों की नींदें तबाह कर देता था
पर महज़ वो सब जिसने कुछ पल की खुशी दे दी थी
वो सिर्फ़ और सिर्फ़ खुली आँखों से देखे गए सपने और सोच थी ।।

76)

वो कहते हैं कि हर बार प्यार अधूरा क्यों लिखती हो

कभी इसे पूरा भी करो

उन अधलिखे पन्नों को कुछ नए रंगो से भी भरो

इस इश्क़ को निराशा से नहीं आशा से मुकम्मल करो

वो ये भी कहते हैं कि जिस प्यार के लिए लड़ाई नहीं की वो प्यार नहीं है

महज़ कुछ पल का आकर्षण है

जो तुम्हारी नज़रों में शायद बहुत बड़ी जंग है

तुम समझते हो तुम्हारी तरफ देखकर उसका मुस्कुराना और तुमसे बात कर लेना प्यार है

नहीं, बनावट से नहीं जन्मा है प्यार, ये तो है निराकार

थोड़ा मीठा सा है तो थोड़ा खारा है

लेकिन जो शब्दों में बयां न हो शायद वो ही प्यार है

और ये तुम उस दिन जानोगे जिस दिन तुम महसूस करोगे कि तुम्हारी रूह किसी दूसरी रूह के संग चली जाती है

जब तुमको अहसास होगा कि तुम हर जगह हो के भी नहीं होते हो तब तुम्हारी बातों में भी बदलाव होगा

और शायद तब तुम्हें न जीने की लालसा होगी न मरने का ख़ौफ़ होगा

तुम्हारी रूह का फिर उसकी रूह में घर होगा

तब जान लेना वही तुम्हारा सच्चा प्यार होगा.....।।

77)

शाम अब भी रोज़ आ जाती है मेरे दरवाज़े पर

शायद जानती नहीं है कि तुमने मेरी दहलीज़ लांघना छोड़ दिया है

मेरा जिस्म अब भी लिपटा पड़ा रहता है उस बिस्तर से जिस पर 'तुम', 'मैं' 'हम' होकर कई गहरी रातों को तारों की पायल पहना दिया करते थे

और फिर अगली सुबह तक हवा के ज़ोर से बजती रहती थी प्रेम वाली लोरियां

चादरें थपकियां देकर सुला दिया करती थीं

वो जो तकिए थे न जो तुम्हें अपने बेटे की तरह गोद में तुम्हें अपना सिर टिका लेने दिया करते थे

बरसों से वो भी सूनी गोद लिए कुनकुनी धूप का इंतज़ार कर रहे हैं

वैसे तो सूरज यहां रोज़ निकलता है

लेकिन इस कमरे ने और मैंने मुद्दतों से रोशनी के पांव तक नहीं देखे हैं

बिखरे हुए बदन के पुर्जे ढूंढ़ते-ढूंढ़ते ही वक़्त बीत जाता है आजकल

सब कुछ मिट चुका है मेरे भीतर से जो भी था तुम्हारा

बाकी रह गया है तो बस गोशा-ए-लब पर दिया हुआ तुम्हारा आख़िरी बोसा

गुलाब की इज़हार वाली कुछ पंखुडियां

खूँनाब स्याही वाले कुछ ख़त

तुम्हारी बुझाई हुई अधूरी सिगरेटें

इश्क़ का घरौंदा अब हरीम-ए-हवस में तब्दील हो गया है सबकी नज़रों में

मेरी भीगी आँखो की मेहनत देखकर होंठ बुदबुदाते रहते हैं कुछ-न-कुछ

जिस्म के भिक्षा पात्र पर अब सिर्फ़ और सिर्फ़ इश्क़ के घाव बचे हैं

परीशाँ ज़ुल्फ़ें सुलझाने वाला कोई हाथ नहीं है मेरे सिर पर

तुम्हारे होने पर जो भी जहां होता था अब वो वहां पर नहीं है

सब तितर-बितर सा है उस घोंसले की तरह जिसकी हालत पंछियों के उड़ जाने पर ख़राब हो जाती है।।

78)

वो कल की याद में डूबा
बैठकर पढ़ रहा था पतझड़ की हवाओं द्वारा भेजा हुआ ख़त
बीती हुई उम्र में से कुछ पल चुरा लेना चाहता था वो
सिरफिरा सा आसमान की गोद में सिर रखकर
देख रहा था एक बिखरा सा ख़्वाब
कहा करता था मुझसे
तुम कहो तो तोड़ लाऊं तुम्हारे लिए अंजुम और महताब
मेरे हर सवाल के अनगिनत उत्तर थे उसके पास
बहुत हठी था बात-बात पर नाराज़ हो जाया करता था
पर फिर भी वो बहुत अलग सा था
प्रेम रंग में रंगा हुआ
हमेशा खुशी का साज़ लिए फिरता था
उसे देख लेने की व्याकुलता मेरे भीतर भी उत्पन्न हुआ करती थी
उसे ताक लेती थी तो लगता था मानो परदेस में मंज़िल मिल गई
सुबह का सितारा था वो
और मैं थी व्यर्थ वेदना और विरह से भरी काली रात
पर फिर भी वो मिटा देना चाहता था पहले से लिखे भाग्य लेख को
वो कर देना चाहता था सच खुली आंखो से देखे उस सपने को
जिसमें मैं बड़ी और वो उम्र में छोटा हो जाया करता था.....।।

79)

मुझे आजकल शब्द नहीं मिलते कुछ लिखने के लिए
क्योंकि तुम अपने साथ मेरे शब्दों को भी ले गए हो
जाना ही था तो अकेले चले जाते
जो मेरा था उसे साथ ले जाने की क्या ज़रूरत थी
ख़ैर शब्दों के जाने का दुख नहीं है उन्हें तो फिर ढूंढ़ लूँगी
दुख तो इसका है कि जो अहसास मैंने उनके कानों में फूंका था
 वो भी उनके ही साथ चला गया तुम्हारे पास
जो आपबीती थी उनके और मेरे बीच अब वो भी नहीं रही
कल तो काग़ज़ और क़लम भी धमकी दे रहे थे
कि लिखोगी नहीं तो छोड़कर चले जाएंगे
अकेले हो जाने के डर से उनको रोकने के ख़ातिर लिखा था मैंने
प्यार नामक शब्द
पर वो भी बिना तुम्हारे कोरे काग़ज़ पर एक सफेद बिंदी सा लग रहा था
एकदम विधवा की तरह जो होकर भी कुछ नहीं होती
खड़ी रहती है जो अंधेरी राहों में सफेद लबादा ओढ़े हुए
ठीक उसी तरह अब मेरे लिखे हुए शब्द
होकर भी कुछ नहीं लगते.....।।

80)

मैं जब उसके आलिंगन में होती हूँ तो महसूस करती हूँ एक जिस्म में दो दिलों की धड़कनें

दाएं-बाएं दोनों तरफ़ धड़कते दिलों की आवाज़ें सुनकर लगता है मानो

मौन के घर में कोई तेज़ी से दरवाज़े को खटखटा रहा हो

मैं जब तुम्हारे साथ होती हूँ न

तो शायद खुद को भूल जाती हूँ

क्योंकि तुम्हारी रूह मेरी रूह से सांसों की रफ़्तार मिला रही होती है

तुम्हारे माथे से माथा टकराना और फिर खूब ज़ोर से हँसना यही तो अब मेरा पसंदीदा काम है

घंटों मेरी तुम्हारी बातों को हमारी बातों में तब्दील कर देना

हमारे लिबासों से अल्फ़ाज़ों की अदला-बदली कर देना

तुम्हारे जाने के बाद मैं किसी बेबाक नर्म और सख़्त दिल वाली रौबदार लड़की बन जाती हूँ

तुम्हारी हरक़तें और खुशबू मेरे अंदर तुम्हारी उपस्थिति दर्ज कराती जाती हैं और लगता है

मानो मैं तुम सी हो गई हूँ

सुनो तुम्हारे कन्धे पर अनगिनत शिकायतें करते हुए आंसुओं को बहाना मुझे बरगद पे लिपटी नीम की बेल सा महसूस कराता है

लगता है जैसे दिल की सारी कड़वाहट मैंने तुम्हारी बड़ी सी झोली में डाल दी हो

देखो मैं तुमसे खुशी और दुख बराबर बांट लेती हूँ ताकि हमारे बीच कम-ज़्यादा न हो कुछ

और इश्क़ का सारा हिसाब बराबर हो
लेकिन तुम पर अधिक-से-अधिक हक़ जमाने का अधिकार सिर्फ़ और सिर्फ़ अपने हिस्से में ही रखा है मैंने
क्योंकि मैं तुम्हारी हुस्ना जो ठहरी।।

81)

शायद तुम सही थे और मैं ग़लत

तुमसे लड़ने की होड़ में अपने आप को ही खो बैठी

शब्दों का तापमान इतना बढ़ गया तुम्हें नीचा दिखाने की कोशिश में कि पता ही नहीं चला कि अब मैं पाताल से खड़े होकर चीखते हुए तुम्हारी बातों का जवाब देने लगी हूँ

मेरी तरलता ने कब करवट लेना बंद कर दिया इसका अनुमान भी नहीं लगा सकी

बस बेबाक सी हूँ ये दिखाने के लिए स्वयं की सहजता भूल गई

भीतरी कोमलता पर कड़े और भारी तालों का तमग़ा डाल लिया

विशेष कुछ नहीं बचा अब मुझमें

विष से भरे विषयों का किताबघर जम गया है अब

नीरस बातों ने जाल बुन लिए हैं

और धूप की चमक ने भी काले नक़ाबों से अपने चेहरे ढक लिए हैं

इश्क़ को भी घिनौनी बू आने लगी है अब मुझसे

इत्र से महकने वाले हाथों में सिर्फ़ पसीने की चिपचिपाहट है अब

आइने ने भी नकार दिया ये बोलने से कि तुम वो नहीं हो जिसने मेरी सूरत देखकर श्रृंगार करना सीखा था

सुनो प्रेम में जो मौन होता है न वो कर्कशता से जल के मोम सा पिघल रहा है

भले ही पिघलती बातें इकट्ठी हो रही हों भावनाओं की ज़मीं पर

लेकिन भीतर के अहसास वाली रस्सी जल के ख़ाक़ हो रही है

एक बेबाक होने वाली लड़की राख हो रही है।।

82)

दो जिस्मों की जुगलबंदी हुई थी
जिस वक्त चाँद अवकाश पर था
रात कारी थी काजर सी बस उसके नैनों का प्रकाश था
जिस चादर में लिपटे थे दो बदन वो नीले खादी का आकाश था
लब पर नहीं था अल्फ़ाज़ों का घेरा और मौन में भी सिर्फ़ काश था
वो चलता फिरता बुत था या ज़िंदा लाश था
जो इश्क़ था मेरे लिए लोगों के लिए उपहास था
विरह-विलाप से दूर वो मेरा विश्वास था
दो जिस्म की जुगलबंदी हुई थी
जिस वक्त चाँद का अवकाश था
रात कारी थी काजर सी बस उसके नैनों का प्रकाश था।।

83)

रहस्यमय नक्षत्र वाली रात की इबादत में महकती रात की रानी
एकांत से भरपूर विस्मृति का जंगल
व्याकुल आंसू और ज़िंदगी रूपी धड़कता दिल
सिरहाने सपनों की मदिरा से भरे प्याले थे और नैनों में प्रेमी का प्रतिबिम्ब
उसके लिबासों पर सदफ़ और गुहार से इश्क़ लिखा हुआ था
दोनों हाथों में प्रेम के दो टुकड़े लिए हुए
अंधाधुंध बेबाक सी हीर
अपने रांझा के गाँव में ढूंढ़ रही है उसे
उसकी अंतरात्मा की कविताओं में ज़िक्र है उस हिज्र की रात का जब
अलविदा जैसे अल्फ़ाज़ पहली बार उसके कानों में पड़े थे और उसके
झुमके से टकराकर चुप्पी में बदल गए थे
वो आखिरी बार था जब उसने कुछ सुना और बोला था
उसकी बंजारों सी सांसों को चैन नहीं था
अस्थिर सपनों के टूटते-बिखरते कण उसके प्रेम के दर्द को सहन
करने की क्षमता दर्शा रहे थे
ज़सद के गोशे-गोशे पर सिर्फ इश्क़ गुदवा रखा था
लबों पर बस एक ही बात अटकी थी
कि चलते हुए चाँद ने आखिरी बार सुबह का माथा चूमा था
और तब से अब तक
मन ओ तो
'है' और 'था' की दुनिया में चक्कर काट रहे हैं
ठीक उस सूरज की तरह जो पृथ्वी को निहारते ताकते उसके फेरे
काटता रहता है....।।

84)

कोरे कागज ने क़लम से कहा,

आज मुझे अपनी प्रेम की स्याही में भिगो दे,

बरसों से सूखा पड़ा है ये दिल तेरी याद में,

भर दे मुझमें मेरे प्रश्नों के वो सारे उत्तर जिनकी राहें मैं आज भी देखा करता हूँ ,

अच्छा लगता है मुझे तेरा वो रूठना और कुछ सोचकर मुझसे फिर से लिपट जाना ,

तेरी वो नुकीली चाल और स्याही सा टपकता प्रेम सचमुच बहुत क़ातिलाना है न

तेरा और मेरा रिश्ता ही कुछ ऐसा है कि हम दोनों एक दूसरे के बिना अधूरे हैं

मेरे खालीपन को खूबसूरत अल्फ़ाज़ों से भरने के लिए शुक्रिया....।।

85)

रात फिर से आई है अपने प्रेमी चाँद के साथ
और इन दोनों ने मिलकर तारों को पैदा किया है
जो टिमटिमा रहे हैं दोनों के प्रेम में
उनकी ये हल्की सी चमक इन दोनों की प्रेम कथा बयां कर रही है
कि कैसे चाँद ने रात को कभी उसके इंतज़ार का मौका न दिया
प्यार ऐसा निस्वार्थ था कि कभी कोई सौदा न किया
रात की गोद में सिर रखकर चाँद घंटों प्रेम की बातें किया करता है
वो निरंतर बढ़ रहा है रात की गोद में
कभी-कभी तो खेलता भी है छुपन-छुपाई और छिप जाता है
बादलों की चादर ओढ़कर
पर रात ढूंढ़ लेती है उसे और अपने गले से लगाकर रखती है
कोस देती वो बादलों को, कि चाँद सिर्फ़ मेरा है इसे यूँ नज़र न लगाया करो
जाओ कोई और ठिकाना ढूंढो यहां न आया करो
बीत जाता है समय इसी तरह और आ जाती है फिर जुदा होने की बेला
रात करने लगती है ढेर सारे वादे
मुस्कुराते हुए वो कहती कि अगर तुम न होते तो ज़िन्दगी शायद अंधेरे में ही कट जाती
फिर न मेरा कोई वजूद होता और न मैं रात कहलाती
तुम ही तो मेरा श्रृंगार हो, तुम हो तो मैं हूँ वरना कब की ये रात विधवा हो जाती.....।।

86)

एक महाकाव्य ने नज़्म से छोटी एक नज़्म की मांग की
और ये सुनते ही नज़्म लग गई बड़े-बड़े शब्दों की खोज में
निकल पड़ी वो ज्ञानियों के देश में
ओढ़े परदेसी लिबास और मूर्खों के भेष में
और लगी ढूंढ़ने उन शब्दों को जो शब्द कभी किसी ने न लिखे हों
देश में तो छोड़ो ऐसे शब्द कभी किसी ने परदेस में भी न सुने हों
शब्दों की खोज में परेशान नज़्म रातों के अंधेरे में चिराग़ ले के निकल पड़ी
और क़ैद करने लगी जुगनुओं और तारों को
और फिर छोटे चमकीले शब्दों के संग्रह को देख खुशी से चल पड़ी महाकाव्य को उसकी छोटी नज़्म देने
पर जब वह उसके पास पहुंची तो आँखें निराशा से भर उठीं
उसकी सारी खुशी ग़म में बदल गई
ये देख महाकाव्य बोला कि खूब घूमी तुम देश-परदेस मेरी मांग पूरी करने के लिए
पर जानती हो, मेरी नज़्म तो तुम ही हो
और तुम्हारी आँखों से जब-जब मेरी आँखें मिलती हैं न
तब-तब कई सारी छोटी-छोटी नज़्में पैदा होती हैं ।।

87)

पृथ्वी की गोद में पनपती है प्रकृति
सूरज की लगाकर बिन्दी चलती है प्रकृति
चिड़ियों के संग खेलती है ये प्रकृति
इंद्रधनुष सी सजती है ये प्रकृति
बादलों का आईना देखती है ये प्रकृति
ओस की बूँदों पर चमकती है ये प्रकृति
बरसात के पानी में नाव बनकर बहती है ये प्रकृति
जाड़ों में शाम की शॉल ओढ़े चाँद के संग टहलती है प्रकृति
धूप में खुद को जलाकर राख हो जाती है ये प्रकृति
थके मुसाफिरों को छांव देती है ये प्रकृति
हवा के सुरों के संग गाती है प्रकृति
बिजली की तरह शर्माती है ये प्रकृति
रेत के ढेर पर खड़ी होकर ज़ोर से पुकार लगाती है प्रकृति
सुंदरता का साजो-सामान लेकर पहाड़ों पर घर बनाती है ये प्रकृति
मनुष्य कर रहा मेरा विनाश अब नहीं रही है जीने की आस
ख़त्म होने के डर से छिपी जाती है ये प्रकृति
जिसने तुमको बनाया उसको न ख़त्म करो
ये जननी है तुम्हारी, इसकी रखवाली करो....।।

88)

कल हम आमने-सामने थे

और तुम्हें देखकर लग रहा था कि तुम्हारे गले से लग जाऊं

थोड़ा वक़्त तुम्हारे कंधे पर सिर रखकर बिताऊं

मै इस दुनिया को तुम्हारी आँखों से देखूँ और थोड़ी देर के लिए नेत्रहीन हो जाऊं

मैं चाहती हूँ कि मैं चलूं कुछ पल तुम्हारे साथ कुछ खाली रास्तों पर

मैं तुम्हारे साथ तारे गिनना चाहती हूँ रातरानी सी महकती एक रात में

मै जब भी तुमको देखती हूँ न तो आँखें चुरा लिया करती हूँ

क्योंकि तुम्हें देखती हूँ तो गुम सी हो जाती हूँ

खुली आंखो में सपने अपना बसेरा करने लगते हैं तुम्हें देखकर

और मैं पहुंच जाती हूँ किसी और दुनिया में जो शायद तुम्हारी होती है

जहां हर चीज़ में सिर्फ़ प्रेम भरा होता है और भरे होते हैं ढेर सारे सच्चे रंग

और ये इस जहां की वो जगह होती है जहां पर तुम मेरी परछाईं बनकर हरदम मेरे साथ चलते हो

मैं तुम्हारे साथ अपना बचपन जीना चाहती हूँ

खेलना चाहती हूँ कंचे, गुलेल और चिड़िया उड़

मैं पचास पैसे वाली उस संतरे की गोली के लिए भी लड़ना चाहती हूँ तुमसे

मै कटी पतंग को लूटना चाहती हूँ तुम्हारे संग

और पहिया भी घुमाना चाहती हूँ एक छोटी सी लकड़ी के सहारे

तुम जानते हो क्या इस दुनिया से परे हो तुम और न जाने क्यों मैं भी तुम सी होती जा रही हूँ

मैं तुम्हारे रंग में इस तरह रंग गई हूं कि अब और कोई रंग नज़र ही नहीं आता

मै एक बार और जन्म लेकर तुमसे दुबारा मिलना चाहती हूँ

क़ैद करना चाहती हूँ हमारे बचपन और बुढ़ापे को

मै चाहती हूँ कि काश ऐसा हो कि जब-जब मैं तुमसे मिलूं

तब-तब ये पृथ्वी थम जाए और हम दोनों कुछ वक़्त साथ बिता पाएं ।।

89)

कल रात जब शायर घर पहुंचा
तो उसकी ग़ज़ल उससे पूछ उठी
ऐ हबीब बड़े शाद से दिखते हो आज
लगता है दीद-ए-शबाब हुआ है
या फिर हिज़ाब-ए-हया के रुख़ से नक़ाब गिरा है
शायद तेरी जुस्तजू को मुक़ाम मिला है
आज महबूबा से इज़हार हुआ है या आज भी
तेरी बेमोहताज़ मोहब्बत का उनकी बोलती आँखों से इक़रार हुआ है
ऐ शायर तेरी शायरी से लगता है कि इस बार तुझे सचमुच प्यार हुआ है ।।

90)

वो बहुत मासूम थी
उसमें अब भी बचपना कूट-कूट कर भरा था
चेहरे से सांवली और छोटी सी थी लेकिन दिल एकदम खरा था
ज़ुबां पर कभी शब्द ठहरते ही न थे
तोते सी खूब बोला करती थी वो
और मै घंटों उसे ताका करता था
उसकी शैतानियां मेरे दिल में
एक शैतान बच्चा पैदा कर देती थीं
उसकी मुस्कुराहट मेरी ज़िन्दगी में रंग सा भर देती थी
उसकी चाल देखकर मेरे दिल में गिलहरियां सी फुदकती थीं
उसकी आँखो की पुतलियां मेरी सुबहों का सूरज थीं
उसका सुरमा घनी रात था मेरे लिए
और उसकी ऊंची-नीची ज़ुल्फ़ें थीं मेरे सफ़र का रास्ता
जिसमे मैं बार-बार हर बार घूमना चाहता था
मै चाहता था सिर्फ़ एक हिस्सा
बनना चाहता था मैं उसकी बड़ी सी जिंदगी का एक छोटा सा क़िस्सा....।।

91)

लोग कहते हैं कि यौवन फूट रहा है
पर सच तो ये है कि उसका बचपन पीछे छूट रहा है
ठीक उसी तरह जिस तरह छूट जाती है जल्दी आने वाली सफ़र की गाड़ियां
उसकी अल्हड़ता अब मासूमियत और समझदारी में बदल रही है
 गुल थी वो लेकिन अब गुलिस्तान बन रही थी
उसने डर और तकलीफ़ों को ग़ौर से समझना शुरू कर दिया था
उसकी चौड़ी सी छाती वरदान था ईश्वर का
क्योंकि इस छाती में पोषण पनपता था एक नई ज़िन्दगी के लिए
उसे खुदा ने कुदरती ख़ूबसूरती से नवाज़ा था
उसके आगे दुनिया के फ़ितने बहुत छोटे हैं
क्योंकि उसके अंतर्मन में बहुत सी गहरी और तकलीफ़ को भी तकलीफ़ देने वाली संवेदनाएं हैं
वो किसी से कहती नहीं है इसलिए नहीं कि ये उसका बड़प्पन है
बल्कि ये उपकार है उसका क्योंकि वो जानती है तुम्हारे लड़कपन को
उसके अधूरेपन को आंकने का तुम्हें कोई अधिकार नहीं है
सुनो तुम जानते हो क्या कि सृष्टि के गोलाकार ढांचे में ही वो भी ढली है
लेकिन वक़्त ने शायद कुछ देर के लिए उसका हाथ पकड़ के चलना छोड़ दिया था
तभी तो इस गोल दुनिया की गोल उत्पत्ति जिसके बिना एक छोटे बच्चे की भूख अधूरी रह जाती है

वो ऐसे गोल चमकदार तुरमली को खो बैठी
ख़ुद की वजह से नहीं बल्कि वक़्त के किसी क़हर के कारण
उसने एक महान जंग में गवां दिया अपने एक स्तन को
जो घेर लिया गया था कर्क के विषैले तत्वों से
वो अब थोड़ा-थोड़ा डरने सी लगी थी,
उसे आने लगी थी एक घिनौनी सी बदबू अपने बदन से
लेकिन वो जानती नहीं है ये बदबू सिर्फ़ उसके शरीर की है
उसकी रूह तो अब भी पाक साफ़ इत्र से नहाई हुई है
शरीर के अधूरेपन से रूह कभी अधूरी नहीं होती
सुनो संधि, तुम अब भी चमक रही हो तुरमली की तरह.....।।

92)

अपने हिस्से की पूंजी में से मेरे लिए
चाँद के चंद टुकड़े रख लेना
गुलाबों के गुच्छे की महक़ रख लेना
कहानियों के अहम विषय में मुझे एक पूर्ण विराम सी जगह दे देना
अपने पैरों की बड़ी-बड़ी छाप में मेरे पैरों का अक़्स रख देना
किताबों के इब्तिदाई पन्नों पर इश्क़ लिख देना
आयत की तरह इबादत में शामिल कर लेना
हर एक दिन की बातों को कड़ियों में पिरोते हुए मेरी खिड़की पर सपनों सा फूंक मार देना
खाली शरीर के पात्र में बोसे की चिट्ठियां भेजना
इहलोक और परलोक के बीच खड़े होकर मुझे आलिंगन में भरते हुए अस्थायी मृत्यु को निमंत्रण देना
और मौजे नफ़स को अपने पथरीले लबों के साहिल से टकराकर आँखो तक पहुंचने देना
सुनो प्रेम एक ऐसा सम्बंध है जो मुझमें आकाश को नापने का शौक़ पैदा करता है
क़ाबे की ओर मुंह करके
बेपरवाह तुम्हारे नाम की तस्बीह पढ़ना
और क़बूतर के छोटे-छोटे पंखों से तुम्हें ख़त लिखना
जानते हो तुम्हारे नज़दीक आकर कान में कुछ कहने पर मुझे जन्नत की दूरी कम लगती थी
तुम्हारे फुसफुसाहट से भरे अल्फ़ाज़ों की ध्वनि सुनकर लगता था मानो स्वयं ख़ुदा ने आकर मेरे कानों में अज़ान फूंकी हो

मैं उस वक़्त महसूस कर पाती थी स्वयं का निर्माण

दरिया-ए-नूर में उफनती रोशनी मेरी आंखों के सामने सोने सी चमकती थी

और मैं तब सफीना-ए-इश्क़ पर सवार होकर जीवन रूपी वीणा के तारों की छेड़-छाड़ कर रही होती थी

तुम्हारे हाथों से हाथ मिलने के बाद नरगिस के किसी फूल की कली सा अहसास उत्पन्न होता था मेरे भीतर

अब वाक़िफ़ हो गई थी मैं कि फूलों का मौन से भरा मन क्या बोलता होगा जब खुशबू जुदा होती होगी उनसे

इन बातों के विस्तार में पहुंचने के बाद जान पाई हूँ मैं कि इश्क़ की जड़ 'मैं' और 'तू' से नहीं 'हम' जैसे शब्दों से सींची जाती है

निर्वस्त्र दिमाग़ ने हर क़िस्से की तह तक पंहुचने के बाद बुद्धि के लिबास पहन लिए हैं अब

मेरे अज़ीज़तर तस्लीमे जां तुम्हारे जाने के बाद पता चला है मुझे कि मकान में खिड़कियों की क्या अहमियत होती है

क्योंकि गर ये खिड़कियां न होतीं तो शायद मेरा ये इंतज़ार और तुम्हारे लौटने की आशा मुझमें कभी जन्म न ले पाती।।

93)

सुनो तुम जानते हो क्या

कि तुमसे बात करती हूँ तो लगता है कि मेरी मृत रूह में जान आ गई है

तुम्हारे हर अल्फ़ाज़ को सुनते ही मेरे कानों की खुशी का ठिकाना नहीं होता

मेरा मन फिर से इठला जाता है

और दिल में एक इत्र सा महकने लगता है

जी करता है कि तुम यूं ही बोलते रहो और मैं सुनती रहूँ

तुम्हारे शब्दों के बहाव के संग मैं भी बहती रहूँ

तुम्हारे उन वाक्यों के घरौंदे में घर बनाकर रहती रहूँ

महज़ कुछ महीने पहले ही तो लत लगी है तुम्हारी

पर हर बार लगता है कि जैसे मैं तुम्हें बरसों से जानती हूँ

और इसलिए तुम्हारी बातों को महसूस कर पाती हूँ

जानते हो तुम्हारे विचारों को सुनते हुए कभी-कभी मैं उनके साथ ही यात्रा पर निकल जाती हूँ

और ये सब जीने के बाद अहसास कराता है मुझे कि वो सब कविताएँ जो सालों पहले कभी मेरी सोच ने पिरोई थीं

वो सब तुम्हारे लिए ही थीं

क्योंकि वो बिल्कुल तुम जैसी ही तो हैं।।

94)

आज जब आँखें मिलीं तुमसे
तो जाना कितना बड़ा महाकाव्य लिखा है इनमें
पलकों के दामन में छिपी हैं ढेरों भाषाएं
जो सब-की-सब मिलकर कुछ कहना चाहती हैं
पर कह नहीं पातीं शायद, डरती हैं इज़हार से
या खेल रही हैं मेरे धैर्य से,
मौन रहकर जानना चाहती होंगी शायद मेरे भीतर की बातें
लेकिन मैं चाहती हूँ कि इस बार तुम पहले बोलो क्योंकि
हमारी चुप्पी के कारण ये लगातार छोड़ रही हैं मुझमें एक ऐसा प्रश्नचिन्ह
 जिसका उत्तर न तो तुम्हारे पास होता है
और न ही मेरे....।।

95)

तू चल रफ़्तार से विस्तार करते हुए

हर बात की तह तक जाकर शब्दों का श्रृंगार करते हुए

हर क्षण हर श्रेणी को जान, उसके विकार के प्रकारों को समझते हुए

तू चल रफ़्तार से विस्तार करते हुए

तू दौड़ विकृत रास्तों पे कीचड़ से भरे गड्ढों से बचते हुए

न दे और न खा धोखा वरना पछताएगा तू हँसते हुए

न बदल ख़ुद को देखकर दुनिया की चाल

उस ख़ुदा ने जो किया वो किया तेरे अच्छे के लिए

मानव है मानवता की सीख दे,

वरना तुझसे बेहतर है वो जानवर जो जान वार देता है किसी की मदद के लिए

तू चल रफ़्तार से विस्तार करते हुए

जा पकड़ ले आसमान के पल्लू को आगे बढ़ने के लिए

रख विश्वास अपनी मेहनत पर कुछ बनने के लिए

तू खरा सोना है वक़्त रहते खुद को तराश ले

वरना ख़ाक हो जाएगा जलते हुए

तू चल रफ़्तार से विस्तार करते हुए

तितली से रंग अपने भीतर पैदा कर

वरना बाहरी रंगत उड़ जाएगी किसी दिन यहां-वहां विचरते हुए

पंछी से सीख ले घरौंदे को बसाने का तरीक़ा

तू चींटी सी मेहनत कर पहाड़ पर चढ़ने के लिए

तू चल रफ़्तार से विस्तार करते हुए

भेदभाव बुराइयों से दूर रह, विरोध कर ग़लत को सही बनाने के लिए
साबित कर कि तुझे ख़ुदा ने नेकी के लिबासों से नवाज़ा है
जा मिल-बांट के पेट भर एक रोटी के कई हिस्से करते हुए
तू चल रफ़्तार से विस्तार करते हुए......।।

96)

ये ग्रीष्म का मौसम मुझे
किसी इश्क़ की भट्टी सा लगता है
जिसकी ताप पार कर चुकी है प्रेम की पराकाष्ठा
अंदर से बस ज्वालामुखी सा प्रेम बह रहा है
हल्की कुनकुनी हवा ऐसी लगती है मानो
किसी सफ़ेद चेहरे पर किसी चित्रकार ने ब्रश से रंग के छींटे मार दिए हों
ये अवस्था अनहद, बेहद और अनंत के पार है
इन अहसास रूपी परिस्थितियों का गुच्छा ही इश्क़ की रातों का श्रृंगार है
ऐसी तपिश में धूप की किरणें कफ़न सी लिपट जाती हैं
ऐसे में जिस्म का गोशा-गोशा प्रेमी की खोज में लग जाता है
और तब उसके आलिंगन की महत्ता समझ में आने लगती है
किसी विशाल बरगद के पेड़ से लिपटी हुई छोटी सी लचीली बेल सामने आ जाती है
किसी कालिदास के लिए किसी मलिका का इंतज़ार नज़र आ जाता है
आंसुओं से उकेरे गए अदृश्य शब्दों का झुंड काली चीटियों की किसी कतार सा लगने लगता है
हर क़िस्से में पतझड़ के सूखे पत्तों की करुणामय बातें गूंजने लगती हैं
तब पता चलता है कि वक़्त अपनी गोद में हज़ार प्रकार के भाव और रस सहेजकर
उनका पालन पोषण किस तरह करता होगा।।

97)

मैं कभी तुमसे हाँ न कहूँगी
पर प्यार बेइन्तहा करूंगी
तुम्हारे साथ सात फेरे न लूँगी
पर तुम्हें बेशुमार तकूंगी
तुमसे रूठ जाऊँगी पर फिर भी बातें करूंगी
मैं तुम्हारी परछाईं के आकार में खुद को आकृत करूंगी
तेरी आँखें जिन्हें देखकर मैं न जाने कहां घूम जाती हूँ
उन आँखों में दिखने वाली अपनी छवि को खूब याद करूंगी
मैं जब-जब मिलूंगी चिड़िया सी चीं-चीं करूंगी
तुम्हारे मुंह से किसी और की तारीफ़ सुनकर खूब जलूंगी
मैं हर रात चाँद को देखकर तुम्हें ढेर सारे ख़त लिखूंगी
लेकिन कभी पोस्ट नहीं करूंगी
मैं तुम्हारी रंगों वाली शर्ट से कुछ रंग चुराकर अपने लिबासों में भरूंगी
मैं तुम्हारे फ़ोन न उठाने पर भी तुम्हें फ़ोन करूंगी
मैं अपने हिस्से की सारी टॉफ़ियां तुम्हें दे दूंगी
पर सुनो आधे होंठो से मुस्कुराने वाले लड़के
मैं तुमसे हाँ कभी नहीं कहूँगी।।

98)

पिंजरे में क़ैद होकर कब्र में सोकर भी मुझे भूल न जाना

तुम एक बार फिर लौटकर आना

उस दिन की तरह जो रात के जाने बाद आती है

उस खुशबू की तरह जो उमड़ती है और मिट्टी में गिरती है बारिश की बूंदे पड़ने पर

जो आती हैं एक याद की तरह बरसों बाद और दे जाती हैं तुम्हारे होने का अहसास

एक ऐसा अहसास जो पल भर की यादों को मुद्दतों के धागे में पिरो देता है

मेरी इंतज़ार की कहानियों में रोचकता का सबसे बड़ा कारण यही तो है

न होकर भी तुम्हारा मेरे समक्ष होना मेरे लिए वियोग में भी संयोग जैसा है

सुनो मेरी बातों को यूं हवा में न उड़ाना लौटकर ज़रुर आना....।।

99)

कविता कवि के दिमाग में पलती है,

और जन्म लेती है क़लम की कोख से,

बड़ी होती है भाषाओं के मेले में,

दोस्ती करती है तेज़ तर्रार मन को झिंझोड़ या पसीज देने वाले शब्दों से,

कभी आईना देखती है तो कभी दिखलाती है,

और अंत में पूर्ण होकर ब्याह रचा लेती है,

अपने प्रियतम काग़ज़ से,

जो बरसों से था उसकी ताक में....।।

100)

बूढ़ा हो गया है वो फिर भी बहुत ख़ूबसूरत लगता है

जवानी की तरह बुढ़ापे की झुर्रियां भी उसके चेहरे पर चाँद सी चमक पैदा कर रही हैं

उसकी सांसें भले ही कम हो रही हैं

पर मेरे प्रति प्रेम निरंतर बढ़ता जा रहा है

नज़र भले ही कमज़ोर हो रही है पर मुझे गौर से देखने का तरीका और भी हसीन होता जा रहा है

वो जब-जब मुझे देखता है तब-तब लगता है मानो उसने कोई पुराना प्रेम पत्र पढ़ लिया हो

फिर पलकें झपकाता हुआ कहता है

सुनो मेरे साथ ये ख़त भी दफ़न कर देना जिसे मैंने अभी-अभी पढ़ा है

क्योंकि मरता इंसान है, प्रेम तो लगातार उड़ता है आसमान में आज़ाद पंछी की तरह ।।

www.ingramcontent.com/pod-product-compliance
Lightning Source LLC
LaVergne TN
LVHW061616070526
838199LV00078B/7305
* 9 7 8 9 3 5 3 4 7 7 3 1 8 *